浙江文化研究工程成果文库

艺术 汉画 浙江

Zhejing Hanhua Yishu

黄雅峰 等◎著

中国社会科学出版社

图书在版编目（CIP）数据

浙江汉画艺术／黄雅峰等著．—北京：中国社会科学出版
社，2009.10
ISBN 978－7－5004－8073－0

Ⅰ．浙…　Ⅱ．黄…　Ⅲ．画像石—研究—浙江省—汉代
Ⅳ．K879.424

中国版本图书馆 CIP 数据核字（2009）第 148117 号

责任编辑　郭沂纹
责任校对　刘　俊
封面设计　回归线视觉传达
技术编辑　张汉林

出版发行　中国社会科学出版社
社　　址　北京鼓楼西大街甲 158 号　　邮　编　100720
电　　话　010—84029450（邮购）
网　　址　http://www.csspw.cn
经　　销　新华书店
印　　刷　北京新魏印刷厂　　　　　　装　订　广增装订厂
版　　次　2009 年 10 月第 1 版　　　印　次　2009 年 10 月第 1 次印刷
开　　本　890×1240　1/32
印　　张　7.625　　　　　　　　　　插　页　2
字　　数　185 千字
定　　价　25.00 元

总　序

　　有人将文化比作一条来自老祖宗而又流向未来的河，这是说文化的传统，通过纵向传承和横向传递，生生不息地影响和引领着人们的生存与发展；有人说文化是人类的思想、智慧、信仰、情感和生活的载体、方式和方法，这是将文化作为人们代代相传的生活方式的整体。我们说，文化为群体生活提供规范、方式与环境，文化通过传承为社会进步发挥基础作用，文化会促进或制约经济乃至整个社会的发展。文化的力量，已经深深熔铸在民族的生命力、创造力和凝聚力之中。

　　在人类文化演化的进程中，各种文化都在其内部生成众多的元素、层次与类型，由此决定了文化的多样性与复杂性。

　　中国文化的博大精深，来源于其内部生成的多姿多彩；中国文化的历久弥新，取决于其变迁过程中各种元素、层次、类型在内容和结构上通过碰撞、解构、融合而产生的革故鼎新的强大动力。

　　中国土地广袤、疆域辽阔，不同区域间因自然环境、经济环境、社会环境等诸多方面的差异，建构了不同的区域文化。区域文化如同百川归海，共同汇聚成中国文化的大传统，这种大传统如同春风化雨，渗透于各种区域文化之中。在这个过程中，区域文化如同清溪山泉潺潺不息，在中国文化的共同价值取向下，以自己的独特个性支撑着、引领着本地经济社会的发展。

从区域文化入手，对一地文化的历史与现状展开全面、系统、扎实、有序的研究，一方面可以藉此梳理和弘扬当地的历史传统和文化资源，繁荣和丰富当代的先进文化建设活动，规划和指导未来的文化发展蓝图，增强文化软实力，为全面建设小康社会、加快推进社会主义现代化提供思想保证、精神动力、智力支持和舆论力量；另一方面，这也是深入了解中国文化、研究中国文化、发展中国文化、创新中国文化的重要途径之一。如今，区域文化研究日益受到各地重视，成为我国文化研究走向深入的一个重要标志。我们今天实施浙江文化研究工程，其目的和意义也在于此。

千百年来，浙江人民积淀和传承了一个底蕴深厚的文化传统。这种文化传统的独特性，正在于它令人惊叹的富于创造力的智慧和力量。

浙江文化中富于创造力的基因，早早地出现在其历史的源头。在浙江新石器时代最为著名的跨湖桥、河姆渡、马家浜和良渚的考古文化中，浙江先民们都以不同凡响的作为，在中华民族的文明之源留下了创造和进步的印记。

浙江人民在与时俱进的历史轨迹上一路走来，秉承富于创造力的文化传统，这深深地融汇在一代代浙江人民的血液中，体现在浙江人民的行为上，也在浙江历史上众多杰出人物身上得到充分展示。从大禹的因势利导、敬业治水，到勾践的卧薪尝胆、励精图治；从钱氏的保境安民、纳土归宋，到胡则的为官一任、造福一方；从岳飞、于谦的精忠报国、清白一生，到方孝孺、张苍水的刚正不阿、以身殉国；从沈括的博学多识、精研深究，到竺可桢的科学救国、求是一生；无论是陈亮、叶适的经世致用，还是黄宗羲的工商皆本；无论是王充、王阳明的批判、自觉，还是龚自珍、蔡元培的开明、开放，等等，都展示了浙江深厚的文化底蕴，凝聚了浙江人民求真务实的创造精神。

代代相传的文化创造的作为和精神，从观念、态度、行为方式和价值取向上，孕育、形成和发展了渊源有自的浙江地域文化传统和与时俱进的浙江文化精神，她滋育着浙江的生命力、催生着浙江的凝聚力、激发着浙江的创造力、培植着浙江的竞争力，激励着浙江人民永不自满、永不停息，在各个不同的历史时期不断地超越自我、创业奋进。

悠久深厚、意韵丰富的浙江文化传统，是历史赐予我们的宝贵财富，也是我们开拓未来的丰富资源和不竭动力。党的十六大以来推进浙江新发展的实践，使我们越来越深刻地认识到，与国家实施改革开放大政方针相伴随的浙江经济社会持续快速健康发展的深层原因，就在于浙江深厚的文化底蕴和文化传统与当今时代精神的有机结合，就在于发展先进生产力与发展先进文化的有机结合。今后一个时期浙江能否在全面建设小康社会、加快社会主义现代化建设进程中继续走在前列，很大程度上取决于我们对文化力量的深刻认识、对发展先进文化的高度自觉和对加快建设文化大省的工作力度。我们应该看到，文化的力量最终可以转化为物质的力量，文化的软实力最终可以转化为经济的硬实力。文化要素是综合竞争力的核心要素，文化资源是经济社会发展的重要资源，文化素质是领导者和劳动者的首要素质。因此，研究浙江文化的历史与现状，增强文化软实力，为浙江的现代化建设服务，是浙江人民的共同事业，也是浙江各级党委、政府的重要使命和责任。

2005 年 7 月召开的中共浙江省委十一届八次全会，作出《关于加快建设文化大省的决定》，提出要从增强先进文化凝聚力、解放和发展生产力、增强社会公共服务能力入手，大力实施文明素质工程、文化精品工程、文化研究工程、文化保护工程、文化产业促进工程、文化阵地工程、文化传播工程、文化人才工程等"八项工程"，实施科教兴国和人才强国战略，加快建设教育、科技、卫生、体育等"四个强省"。作为文化建设"八项工程"之一的文化研究工程，其任务就是系统研究浙江文化的历史成就和当代发展，深入挖掘浙江文化底蕴、研究浙江现象、总结浙江经验、指导浙江未来的发展。

浙江文化研究工程将重点研究"今、古、人、文"四个方面，即围绕浙江当代发展问题研究、浙江历史文化专题研究、浙江名人研究、浙江历史文献整理四大板块，开展系统研究，出版系列丛书。在研究内容上，深入挖掘浙江文化底蕴，系统梳理和分析浙江历史文化的内部结构、变化规律和地域特色，坚持和发展浙江精神；研究浙江文化与其他地域文化的异同，厘清浙江文化在中国文化中的地位和相互影响的关系；围绕浙江生动的当代实践，深入解读浙江现象，总结浙江经验，指导浙江发展。在研究力量上，通过课题组织、出版资助、重点研究基地建设、加强省内外大院名校合作、整合各地各部门力量等途径，形成上下联动、学界互动的整体合力。在成果运用上，注重研究成果的学术价值和应用价值，充分发挥其认识世界、传承文明、创新理论、咨政育人、服务社会的重要作用。

我们希望通过实施浙江文化研究工程，努力用浙江历史教育浙江人民、用浙江文化熏陶浙江人民、用浙江精神鼓舞浙江人民、用浙江经验引领浙江人民，进一步激发浙江人民的无穷智慧和伟大创造能力，推动浙江实现又快又好发展。

今天，我们踏着来自历史的河流，受着一方百姓的期许，理应负起使命，至诚奉献，让我们的文化绵延不绝，让我们的创造生生不息。

2006 年 5 月 30 日于杭州

目　　录

插图目录

前　言

　　汉画是中国历史上同时具有图像与文献资料的重要研究对象，它从汉画像石、画像砖研究开始，目前已包含汉代绘画、雕刻、建筑、工艺、书法等广泛内容。汉代是中国历史上第一个长期统一的封建王朝，它所确立的政治制度与文化精神长期支配着中国历史的发展方向。汉画作为时代的缩影，向后人展示了异常广阔的社会生活场景，表现了汉人独特的审美情趣，奠定了中华民族的本土文化艺术精神。汉画丰富的内容、鲜明的艺术风格、优美的艺术形象吸引了众多学者的目光，在众多学科取得了一定的研究成果。

　　浙江汉画内涵丰富、形式完美，其生动奇异的表现内容、灵活独到的设计手法、洒脱飘逸的艺术风格，受到世人的瞩目，具有重要的研究价值。本书从三个方面对浙江汉画进行研究。

　　第一方面，打破"画"的平面辩义，在浙江汉画的研究过程中，把画像石、画像砖从其构成的建筑物上进行考察，把陶器、瓷器、漆器的纹饰与其造型载体联系研究，并且释读造型与图像的意义。就造型本身而言，汉画包括造型艺术中的建筑、雕刻、绘画三个大的类别研究。就艺术特点与精神分析，汉画对其所存在的建筑与环境状态、制作材料与工艺流程、社会背景与文化现象进行交叉学科研究。

　　第二方面，运用图像学与考古类型学的研究方法，对浙江汉画遗存的区域类别、题材内容、造型样式、文化特征、审美意义诸方面进行综合分析，研究浙江汉画的历史文化价值、艺术特色与影响，揭示其共性与个性特征。

　　第三方面，结合浙江汉代文化进行研究。浙江古文化研究向以良渚、吴越、南宋等为重点，对汉代文化研究相对比较薄弱，而汉代文化亦有其丰富的内容。浙江汉画艺术的研究填补了这个缺环，有助于整体把握浙江古代文明的进程与特点。浙江汉画以奇异的光彩连接了浙江良渚、吴越、南宋三个文化亮点。

　　本书对浙江汉画开展了基础研究与比较研究：对浙江汉画进行分类普查，重点放在汉墓发掘报告上，同时对浙江的汉代文献资料进行梳理、分类与单项研究；把浙江汉画与黄河、长江流域不同地域汉画比较，浙江汉画与良渚、吴越文化艺术比较，浙江汉画与先秦、魏晋南北朝美术遗存比较；以墓葬建筑遗存为统一视角，对浙江汉画进行整体研究，形成了浙江汉画艺术的整体风貌，进行汉画区域性的研究探索。

　　本书为笔者在杭州师范大学汉画艺术研究所工作期间完成的浙江省哲学社会科学规划重点项目。作为导师，笔者指导研究所的硕士研究生张晓茹、郭遂波、方舒雁、张锋、陈家馨进行项目的研究工作。在考察调研、整理资料的基础上，笔者形成了本书的写作思路与提纲，撰写前言、第一章、第二章。张晓茹撰写第三章、第六章、第十章；郭遂波撰写第四章、第八章；方舒雁撰写第五章、第七章；张锋撰写第九章；陈家馨撰写第十一章。中国艺术研究院建筑艺术研究所的黄续撰写第十二章。笔者对全文最终修改定稿。本书文中未注明出处的图版：照片由方舒雁、郭遂波、张晓茹拍摄，摹本由陈家馨绘制，CAD 图由张锋制作。由于笔者水平有限，本书误差之处请方家拨冗指教。

黄雅峰

2008 年 7 月 16 日

第一章

浙江汉画的分布

　　浙江山川秀丽，文化昌盛，有着光辉灿烂的史前文明，河姆渡文化、良渚文化代表着它的品位与风格，标示出长江流域当时的文明高度。春秋战国时期，经过"吴王金戈越王剑"的长期反复较量，越国成为胜利者，广泛吸收了中原以及楚国等地的文化。秦汉时期大一统局面形成，南北文化交流加强，而越地距离中原政治中心较远，属于边缘地区，思想比较自由，原始宗教信仰保留较多，有明显的区域文化特色。这一地区的汉代墓葬，早已有发现和著录，杭州、绍兴等地较多，其中最重要的一次发现是在1936年，绍兴发现了大批古墓，出土汉画像镜约三百余面。新中国成立后，随着大规模经济建设的展开，考古工作者在这一地区又发掘出大量汉代历史遗存，出土了很多珍贵而有价值的文物，主要有画像石、画像砖、铜镜、堆塑罐，台州等地还发现了岩画。从浙江发掘的汉代墓葬分布的地理位置来看，大致可以划分为杭嘉湖地区、宁绍地区、金衢地区、温台地区。（参见图1）

　　目前，浙江省发现的汉画像石墓有海宁市长安镇画像石墓一座，德清县凤凰山画像石墓两座，德清县秋山画像石墓一座。四座墓葬均曾被盗，墓中随葬物品流失较多，所幸画像石、画像砖基本保留下来，为研究汉代的社会、历史、文化、艺术提供了宝贵的资料。尤其是正式发掘于1973年的海宁画像石墓保存比较

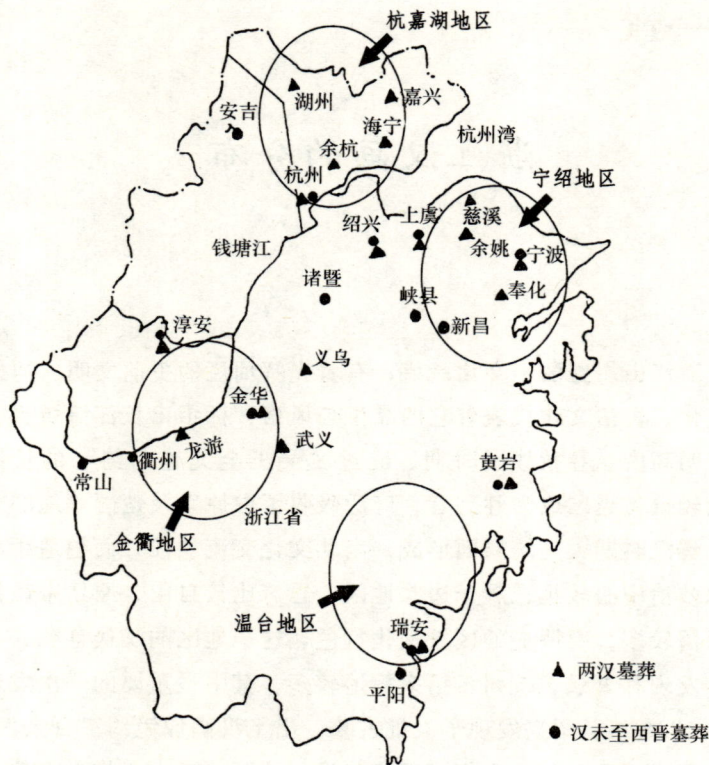

图 1 浙江地区两汉时期墓葬分布示意图

完整，该墓为砖石混用结构，分前后两室，共有画像石 66 块，刻画像 51 幅。画像内容丰富，形象隽丽，造型奇特，画面刻有生动的祥瑞征兆、车马出行、乐舞百戏、庖厨宴饮、历史故事题材，雕刻方法独特。海宁汉画像石墓前室四壁上雕刻的八个蟠龙柱，为其他墓葬所未见。此外，绍兴有路君墓阙，记录其为前后两阙，画像为执杖负剑的人物，现阙已不存在。湖州有费凤碑，上面的画像现今没有记录。

　　浙江铜镜在西汉中叶以后渐多，东汉早中期兴盛起来，成为当时全国范围内铜镜制作的中心之一。汉代会稽铜镜种类很多，因受到越文化与楚文化的影响，带有十分浓厚的神异色彩，其中最有特色的是画像镜和神兽镜。画像镜又分为神仙车马画像镜和历史故事画像镜，浙江东汉墓葬中出土了许多神仙车马画像镜，说明这种铜镜在东汉时就已经很流行了。神仙画像镜在画像镜中数量最多，且多为西王母画像镜，有些镜上铸有"西王母"题榜。西王母画像镜又可分为三种：一是西王母车马画像镜；二是西王母群仙画像镜，三是西王母瑞兽画像镜。历史故事画像镜，主要描写了伍子胥自刎的故事，镜面分四区，集中刻画了伍子胥忠直敢谏却被吴王赐剑自杀的情景。神兽镜的纹饰题材基本上反映了道家神仙思想，如出现了代表东西南北四方位的朱雀、玄武、青龙、白虎。神兽镜不但题材独特，图案组织也很特殊，在纹饰的铸刻上，则以立体感较强的高浮雕取胜。

　　堆塑罐，又称五联罐、魂瓶，是汉末西晋时期流行于江南地区的一种明器，其质料多为陶器，以青瓷为多。其罐身顶盖多堆塑动物、器物、建筑等图形，一般以一大罐四小罐组成。浙江是堆塑罐出现最早且演变轨迹清晰的区域，集中分布在浙江省北部的杭州湾和东部的沿海地带，上虞、嵊州、宁波、嘉兴、温州、萧山、黄岩、海盐、临海、绍兴、武义、金华、瑞安、温州等地均有出土。

　　汉画像砖在浙江省各地出土较多。海宁汉画像石墓中出土有几何纹图案、五铢钱图案、"天"字纹图案的画像砖。德清县凤凰山画像石墓出土的画像砖种类多，有"万岁不败"等字样的文字砖。

　　岩画是指雕刻、绘制在山洞壁或山崖上的图画。近年来，在浙江省陆续发现一些岩画，有台州共和岩画、仙居小方岩山岩画、仙居上张乡西塘村岩画。这些岩画由一些不规则的线条组成，大胆地选取物象的外轮廓来表现，质朴大气，蕴涵着深刻的社会意义与宗教意义。

在宁波、杭州、龙游、象山等地的汉墓中出土的汉代漆器，器型规格、形制齐全，包含了漆棺等葬具以及漆案、漆碗、漆奁、耳杯等随葬日常生活用品。

浙江陶瓷生产兴盛于东汉晚期，从发掘的东汉越窑窑址看，上虞有联江帐子山、凌胡图箕岙、倒转岗、石浦龙池、庙后山、小仙坛、大陆岙等七处窑址，陶瓷器烧制的规模十分宏大，制作工艺成熟，使用和流通区域广泛，由此可以看出，东汉时期上虞已经成为我国早期瓷器生产的中心。

浙江出土的汉代玉器散见于汉墓中，出土有绿松石管、玛瑙耳铛、玉猪、玉具剑、玛瑙坠、玉饰、水晶珠、玻璃璧、玻璃珠玉璧、玉璧、玦、剑首、腰形玉饰、水晶环等。

第二章

画 像 石

一 海宁汉画像石

（一）海宁汉画像石墓

1. 历史沿革

海宁汉画像石墓位于浙江省海宁市长安镇，距杭州市东北约40公里。在春秋吴越争霸时，此地属越国，为御儿乡。东汉时期，长安镇在余杭、钱塘以东，由拳、海盐以西。据说长安镇古称桑亭，唐朝称桑亭驿，元朝改为长安驿。海宁汉画像石墓上封土古称三女堆，据《海宁州志》记载："三女堆，在长安镇觉皇寺后。相传孙权第三女也。墓高三丈，周二亩。万历己丑，饥盗发之。嘉庆七年，署海宁州知州黄秉哲立石镌曰'古三女堆'。"该墓在明代为饥民所发被盗，幸运的是，这座墓画像石与画像砖作为建筑构件难以搬运，当时的盗墓者对此不感兴趣，无暇顾及，而且该墓的价值到明末清初才为文人认识，因而得以保存。1973年春，海宁中学扩建操场时发现该墓，嘉兴地区文管会组织海宁县博物馆及有关文物工作者随即进行挖掘。

2. 地理环境

海宁汉画像石墓位于长安镇西部，墓室坐北朝南，地势呈北高南低的阶梯状。原封土堆高大，是整个长安镇的最高点。据海宁中学退休历史教师蔡看老先生回忆：该墓墓冢居中，东、西、北三面23 米处，分别有三个大小一样均坐北朝南的小墓，连接起来是三角形。墓前数十米处，有流动的河水，举目北望，墓地地势高爽，视野开阔，形成的围合空间环境幽雅、风水看好。（参见图 2）

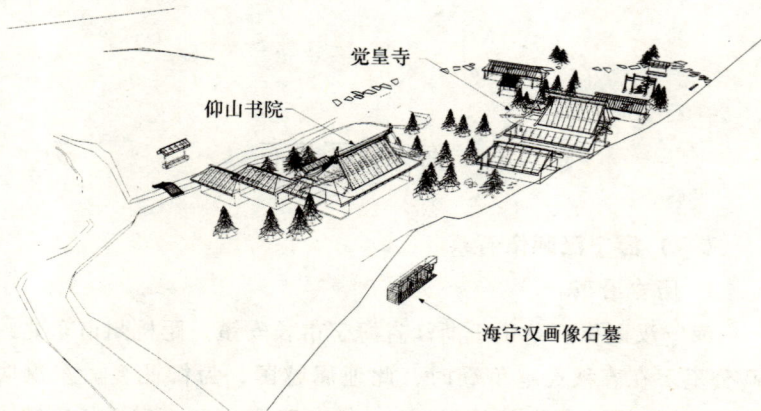

图 2　海宁汉画像石墓及周边环境东西剖面示意图

　　根据墓室形制、画像与出土器物分析，海宁汉画像石墓为东汉晚期券顶结构的砖石墓，墓室分为前后两室，前室有东西两耳室，前后室之间筑有隔墙，隔墙左右分别有一个石棂方窗，中部留有通道。前室的西南角、西北角各用砖砌成祭台，上面放置祭器。前室出土有生动的陶俑，四壁雕刻丰富的画像。按照汉代住宅"前堂后室"的建筑式样，墓葬前室是墓主人宴享的地方，后室供墓主人寝居。

　　3. 墓室构造

　　海宁汉画像石墓全长 9.56 米，宽 4 米，分为墓门、前室、东、西耳室、后室五部分。（参见图 3、图 4）

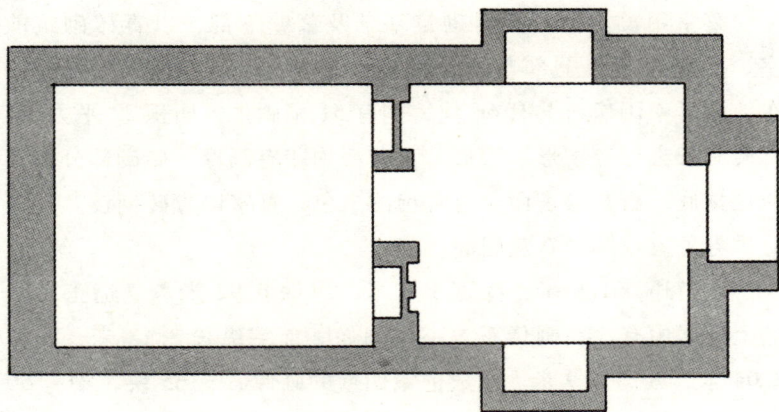

图 3　海宁汉画像石墓墓室平面示意图

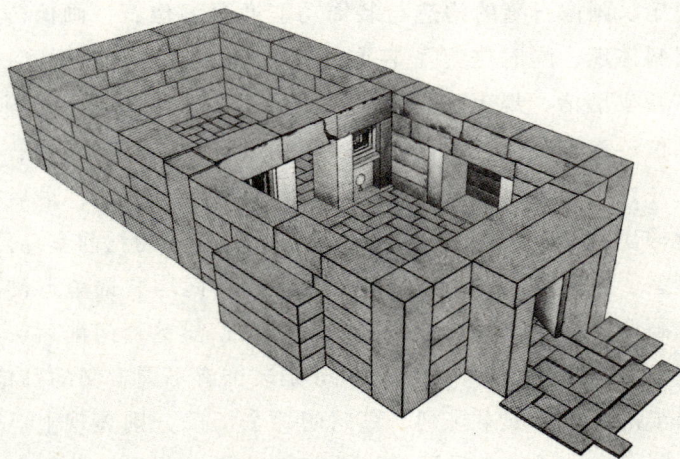

图 4　海宁汉画像石墓墓室结构示意图

墓室用长方形石灰石砌筑基础及墓壁下部，以青砖砌筑前室、后室的墓壁上部与顶券及后室的拱形墓门。墓门、前室、东、西耳室画像石共有 66 块，刻有 51 幅画像，面积 22 平方米。青砖有长方形、楔形、刀形，正背面均印有画像。砖砌部分以石灰层抹底，石灰层表面敷有鲜艳的朱色。墓室以青砖铺设。发掘时拱券外有较厚的石灰层面。

墓道通高 1.9 米，横宽 1.6 米，纵深 0.92 米。墓道正对门楣上面居中有一块画像石、一幅画像。前室纵长 3.13 米，横宽 3.04 米，残高 2.9 米。组成前室四壁的画像石有 65 块，刻有 50 幅画像，墓壁与墓顶砌砖的表面均刻有文字与图案。后室纵长 3.77 米，横宽 3.01 米，残高 3.10 米，石面上没有刻饰画像。

4. 建筑装饰

海宁汉画像石墓的构造与装饰功能通过画像石、画像砖等建筑材料体现，同时进行了装饰。这种效果不是偶然得到的，而是"琢砺磨治，规矩施张，搴帷反月，各有文章"。① 对画像石、画像砖首先要进行设计，然后根据设计要求确定石材、砖材的尺寸，接着选择画像的内容，并进行雕刻、模印，最后进行组合构建。海宁汉画像石墓的前室装饰是精心的：前室墓门、东西耳室、前室至后室两侧共 8 个门柱，上面均装饰龟形础的蟠龙柱画像，是目前所见最早的龙柱形象；前室墓门前后、东西耳室、前室至后室共 5 个门楣，分别装饰有不同含义的画像，呈现出丰富形象的图案排列；墓门的两个门扉分别表现上、下两部分画像，呈现适合门扉形式的装饰纹样；前室北壁两个直棂窗，以简朴的造型表现前室与后室的通透效果，圆形与三角

---

① 济宁地区文物组、嘉祥县文管所：《山东嘉祥宋山 1980 年出土的汉画像石》，《文物》1982 年第 5 期。

形结合的望窗表示深层次的含义，柱斗石刻表现出木构建筑柱斗连接的空间形状。

在建筑装饰过程中，首先把握形象的外在空间形态，进行认真的取舍与大胆的夸张，无论祥瑞神灵、人物动物、建筑图案均选取最具代表性的外部形状，组成风格统一的画像；其次把已经形成的形象按照建筑装饰需要进行处理，使形象的绘画性服从于建筑的构造功能性。龟形础蟠龙柱画像雕饰在前室的门柱上，门柱石面呈窄细的长方形，因此就把整个门柱拉长，墩实体积的龟形础承载细长的柱子，顶端连接一斗三升的斗拱，龙弯曲盘绕在柱子上，使蟠龙柱画像不但成为门柱表面的一个装饰，而且与门柱合为一体，行使门柱构造的功能。前室的南、北、东、西四壁画像对称、均衡，它的骨架是各个壁面的门柱、门楣画像。门柱的八幅竖高的蟠龙柱画像，门楣的八幅横长的神灵人物、升天登仙画像，呈现装饰的整体形式。另外，每个壁面也呈现对称均衡的和谐关系，北壁门柱两侧的两个直棂窗、望窗与柱斗石刻既对称又有均衡变化。

对应墓道门楣上部的神灵画像，雕饰得端庄隽秀，极为生动，组成了墓道至墓门的石材构件装饰。前室北壁是通往前室与后室的墙壁，墓室位置比较重要，门楣刻画了横向展开的各种人物神灵的画像，它们的动势运用统一装饰的手段，形象之间互相闭合开让，完成门楣的装饰功能。

海宁汉画像石注重图案形式表现，连续纹样与适合纹样是常用的手法。门楣画像基本采用连续纹样的方法，门柱则使用适合纹样的方法。对某些具有一定情节的画像，其人物形象表现继续运用连续纹样的排列方法，常常在其边框或用幔帐、或用云纹连续，使画像呈现完整的连续纹样形式感。（参见图5）

图 5　海宁汉画像石墓前室复原效果图

　　海宁汉画像石进行建筑装饰雕制时，努力表现画像的外部形状，同时深入表现画像的内部细节，使画像具有整体的装饰形式。特殊部位变换雕刻方法，使形象更趋完美。

（二）画像内容与意义

1. 画像内容

　　海宁汉画像石墓有画像石 66 块，画像 51 幅，它们集中于前室的四个壁面，只有墓门门楣外侧上方有 1 块画像石 1 幅画像。（参见图 6、图 7、图 8、图 9）

　　墓门楣外侧上方有 1 块画像石 1 幅画像，正对着墓道，长1.37 米，高 0.31 米。自西向东的画像分别为凤凰、蓂莆、麒麟、桃拔。凤凰是一种想象的神鸟，蓂莆是一种瑞草，许慎《说文》云："麒，仁兽也，麇身，牛尾、一角。"[①] 麒麟是一种

――――――――
　　① 　（清）段玉裁：《说文解字注》，浙江古籍出版社 1998 年版，第 470 页。

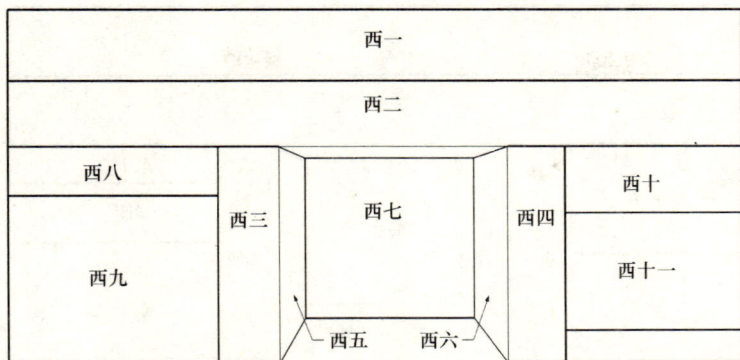

图6　海宁汉画像石墓西壁画面分布图

神兽；桃拔也是一种神兽。在墓道门楣之上表现祥鸟、神兽、瑞草，使墓室祥瑞和谐。

前室南壁有17块画像石14幅画像（依据"前室南壁画面编号示意图"的编号，以下壁面相同）。

南一。门楣，长3.10米，高0.26米。自西向东画像为：二人、辎车、轺车、一人与斧车、一人与辎车、棚车、五马一人。在轺车下似蹲一小猴，车前有一飞鸟。斧车旁有一人在躬腰整理，辎车旁有一人在观察车状。轺车与辎车之间、棚车之上有奔跑的兔子，棚车之上有似猴之物蹲坐。五马之间悬有类似饲料袋子或其他物件，第四马与第五马之间有一人在喂马。该图表现马厩的具体场景。

南二。门楣，长0.98米，高0.17米。云纹连续图案，中间饰以飞鸟与动势的白虎。形成了上面马厩画像的边框装饰，与门楣下部的装饰纹样。

南三、南四。南三，墓门东门柱西侧东，高1.18米，宽0.16米。南四，墓门西门柱东侧西，高、宽同南三。南三、南

```
┌─────────────────────────────────────────────┐
│                    东一                       │
├─────────────────────────────────────────────┤
│                    东二                       │
├──────────┬──────┬──────────┬──────┬──────────┤
│          │      │          │      │   东十    │
│   东八    │      │          │      ├──────────┤
│          │ 东三  │   东七    │ 东四  │  东十一   │
├──────────┤      │          │      ├──────────┤
│          │      │          │      │          │
│   东九    │      │          │      │  东十二   │
│          │      └─东五  东六─┘      │          │
└──────────┴──────┴──────────┴──────┴──────────┘
```

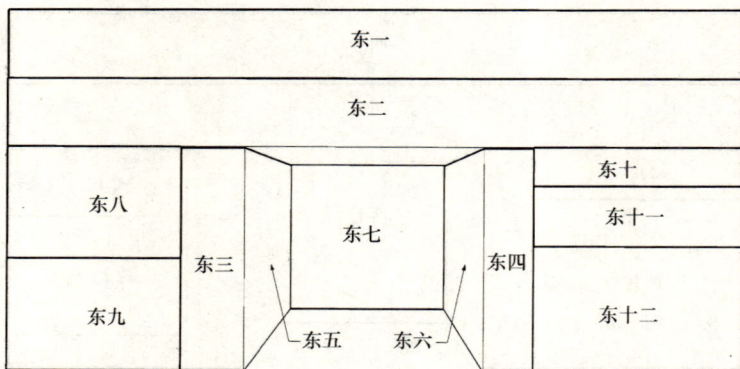

图 7 海宁汉画像石墓东壁画面分布图

四均为础、柱、斗画像,柱础为龟形,柱下部粗,往上逐渐收分,柱身盘绕虺龙形象,斗为一斗三升斗拱形状。龟形础、蟠龙柱、一斗三升拱,形成了完整的蟠龙柱画像。

南五。墓门东门扉,高 1.18 米,宽 0.46 米。画像在门扉上部和下部,上部饰飞翔的朱雀与三个飞鸟,《春秋演礼图》曰:"凤为火精,在天为朱雀。"朱雀与凤凰实际是同一神灵。下部饰铺首衔环。

南六。墓门西门扉,高 1.18 米,宽 0.50 米。画像上部饰与东门扉相向而飞的朱雀,下刻数条盘曲交缠的蛇。

南七。南壁东侧,长 1.08 米,高 0.25 米。均为一马驾驭的两辆辎车自西向东驰去,车前有四人骑马疾驰,为车马出行画像。

南八。南壁东侧,长 1.08 米,高 0.23 米。画像自西向东刻饰六人:前一组三人,一人东去,一人拱手相迎,一人随拱手者,后一组亦三人,西起一人执鼗鼓与三角形乐舞道具起舞,中间一人执巾对舞,最东一人观看。朱乾《乐府正义》载:"先儒

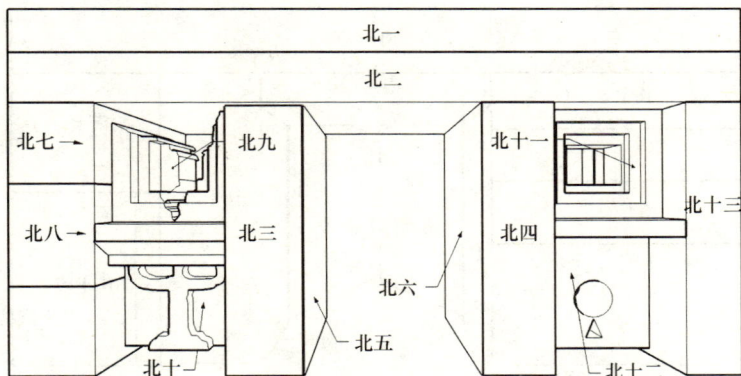

图 8 海宁汉画像石墓北壁画面分布图

谓小鼓有柄曰鞀,大鞀为鞞。"鞞鼓做道具使用,画像表现生动的鞞舞。

南九。南壁东侧,长1.08米,高0.28米。画像自西向东刻饰八人,前面四人倾身向画面中心,接连的二人倾身欲倒地,第七人面向六人作倾势,手执三角形的物件,最后一人转身欲向东行走,但以伸出的手势作呼应状。人物上面还有几个物件。第七人所执的三角形物件似与南八跳鞞舞者手执的三角形道具相同,画像似为技要内容。

南十。南壁东侧,长1.08米,高0.67米。自西向东画像刻饰六人,下面刻饰卷云连续纹样。前二人为一组,后四人为一组。前二人中一人俯身,一人前倾;后四人中,有二人伏地作对打状。画像表现了手搏的场面。

南十一。南壁西侧,长0.64米,高0.55米。画像人物可分为上、下两组。上面一组,自东而西刻四人。第一人、第二人面东,第三人与第四人翩翩对舞。下面一组,自西向东刻四人。第一人躬身面东而立;第二人怀剑状物执镜伺立;第三人倾身向

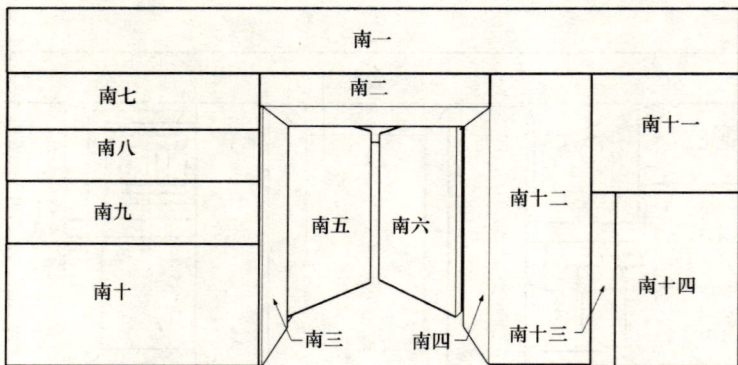

图 9　海宁汉画像石墓南壁画面分布图

东，伸手施物；第四人面西跪地，似为马面，讨要第三人之物；
有一物在二、三人之间，有一鸟在三、四人之间。画像表现了舞
蹈与施舍两个内容。

南十二。南壁西门柱正面，高 1.35 米，宽 0.42 米。画像上
下分为三组内容，最下面有卷云纹装饰。第一组，中间靠上刻一
羊头，两侧各有起舞之人；第二组刻二人，面向西行，前者持长
方形简册形物，后者双手捧物跟随；第三组刻一人跪拜简册状
物，右前方有小鸟。三组图像排列紧凑，呈现完整的 S 形外貌。
画像表现在吉祥的气氛中对简册状物的珍爱与崇拜。

南十三。南壁西侧，高 0.8 米，宽 0.07 米。自上至下刻饰
灯盏、栅栏和亭子。

南十四。南壁西侧，高 0.8 米，宽 0.57 米。画像的上、下
及东侧有卷云连续纹样装饰。画像分上、下两组，各刻饰三人。
上组两侧，二人分别朝向相反的东、西方向，中间一人下部已漫
漶不清。下组，西起之人面东，中间一人与东侧一人对视交谈。
画像表现一般的生活场景。（参见图 10）

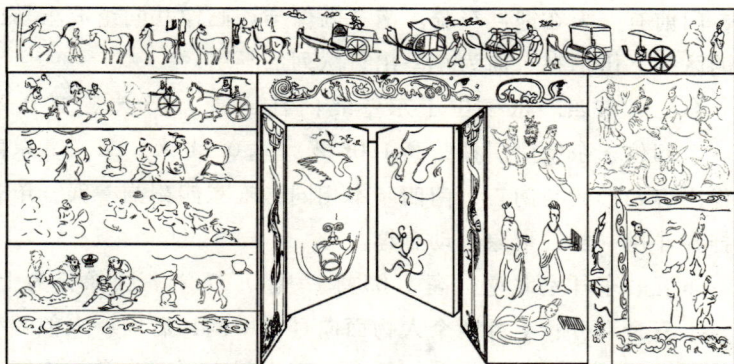

图 10　海宁汉画像石墓南壁画像（摹本）

　　前室东壁有 19 块画像石，组成 12 幅画像。

　　东一。东壁门楣，长 3.13 米，高 0.26 米。自南向北，画像可分为三组。第一组四人，南起前二人手搏，第三人已倒下，第四人右手执三旄节观看；第二组以嘉禾为朝向中心，可分左右两侧画像。右侧自南起有面北的青龙，与龙对视作惊恐状的二人，蹲下的一人，面北的羊、白马、麒麟。左侧南起有面南的天鹿，与该组右侧画像相向而立，起到画像的均衡作用；第三组以井为中心，右侧一人躬身向井，左侧二人面向井立，前面一人似为羽人，二人北面画像漫漶不清。白马、青龙、羊、麒麟、天鹿、嘉禾，均为吉祥的神兽、瑞草、瑞物。羽人是汉人想象中"羽化升天"的神异之人，整个画像气氛祥和。

　　东二。东壁门楣，长 3.13 米，高 0.24 米。画像表现自南向北行进中的七辆轺车。第一辆轺车乘一人，其余轺车均乘两人。第一辆轺车与第二辆轺车之间有一匹马及四个伍伯，两个骑吏。第二辆轺车与第三辆轺车之间，上面有飞翔的燕子。第七辆轺车之后有两个步吏，轺车之前有飞鸟。画像北端刻饰大门敞开的庭院，门前有一人在迎候车骑。南二画像与该画像共同组成车马出行的队列。伍伯在车前为车马出行队列的导引。

东三、东四。东三位于东壁北门柱，高1.05米，宽0.26米。东四位于东壁南门柱，高1.05米，宽0.21米。东三、东四画像内容和形式与南三、南四基本相同，唯东四刻饰一猴，单臂悬挂在斗拱一侧，形象生动有趣。

东五。东耳室北壁，高1.05米，宽0.57米。画像分为上、中、下三个部分：上部两个人物面向耳室中间，后面一人似端举食物；中部一人正牵着牛羊，面向耳室中间；下部为卷云连续纹样。画像应是耳室整体画像的组成部分。

东六。东耳室南壁，高1.05米，宽0.57米。画像亦分为上、中、下三个部分。上部西起一人佩剑提灯，中间一人挑担，担前为一鱼，担后为其他食物，最里边的一人手中持物，三人向耳室中部走去。中部亦刻三个人物，西起一人举看一莲，东起一人举锅做活，中间一人相向而接。下部为卷云连续纹样装饰，为东耳室整体画像的组成部分。

东七。东耳室内壁，高1.05米，宽1米。画像可分为上、下两部分：上部西南向北所刻画像，一兽蹲于桌上，一人转身注视兽，一人拿着有柄之器向北走去；下部刻有三人，南起一人手持食物入厨，中间一人举刀剁物，北起一人在灶前做炊，上面刻有待杀的鸡鸭图像。东耳室北壁、内壁、南壁画像共同表现庖厨的场景。

东八。东壁北侧，长0.76米，高0.52米。画像刻饰一个完整的庭院。

东九。东壁北侧，长0.76米，高0.53米。画像自南向北刻饰五人。前三人中一人奋力向前，一人将其团抱后拽，一人则已匍匐倒地。中间一柱，刀已击插柱中。柱后一人慌忙逃离，另一人作惊慌状。画像动势强烈，画面动人心弦，表现的是荆轲刺秦王的历史故事。

东十。东壁南侧，长0.90米，高0.26米。自南向北刻饰六人，第一人漫漶不清；第二人表演弄丸；第三人举臂踏步起舞；第四人执长绸，舞姿刚劲轻捷；第五人身体后仰，双腿劈叉，与第四人保持呼应姿势；第六人处于边缘，以优雅的舞姿保持画面平衡。是百戏与舞蹈画像。

东十一。东壁南侧，长0.90米，高0.28米。画像自南至北刻五人：第一人独自手舞足蹈；第二人在相叠十二案之上倒立表演；第三人手举盘状物，与第二人注视呼应；第四人踏跳七盘舞；第五人跪地屈膝，左臂伸向一带柄环状器物。表现舞乐杂耍的生动场景。

东十二。东壁南侧，长0.90米，高0.57米。画像上部有七个连续纹样的帷幔，其下饰刻六人：第一人侧身向北，注目招呼着中间的表演；第二、三、四人为表演中心，第二人在耍接三剑，第三人与第四人分别持剑棍厮打；第五人跪地握锤击器，似蓄势待发、欲一跃而起，更增强了紧张气氛；第六人表演台上陪衬。画像表现了激烈搏斗的武打场面。（参见图11）

前室北壁有10块画像石，组成13幅画像。

北一。北壁门楣，长3.10米，高0.22米。自东至西饰刻画像：一执幢举剑骑士、嘉禾、田地、天马、朱雀、嘉禾、朱雀、嘉禾、天鹿、似猴的动物、青龙、嘉莲、白虎。青龙、白虎、朱雀、天马、天鹿等瑞兽，嘉禾、嘉莲等瑞物，错落有致，形成画像的祥瑞气氛。

北二。北壁门楣，长3.10米，高0.22米。画像表现18个人物及蛇、神木的形象，可分为四组。第一组自东至西，依次有五人，他们面西持刀，与昂首曲身的蛇搏斗，似表现高祖斩蛇的

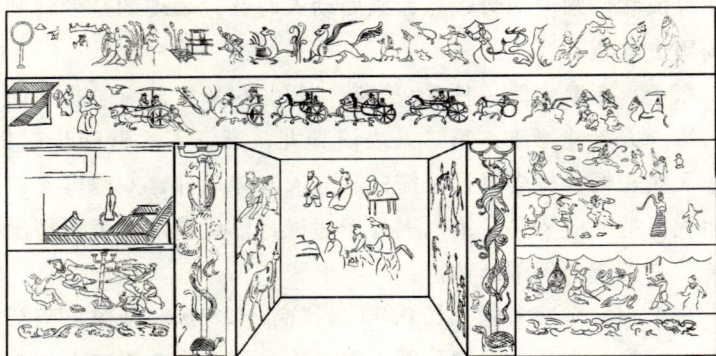

图 11　海宁汉画像石墓东壁画像（摹本）

故事；第二组，在苍劲虬曲的神木下，有二人交谈；第三组有六个人物，动势各异；第四组五个人物，生动活泼，似为拳勇打斗的场面。

北三、北四。北三位于北壁西门柱，高 1.17 米，宽 0.23 米，北四位于北壁东门柱，高 1.17 米，宽 0.24 米。画像形式与南三、南四相同。

北五。前室至后室通道西侧，高 1.17 米，宽 0.41 米。画像分上、下两部分。上部，一戴冠着宽袖长服之人面向后室，在提勺添加灯油。下部，仍为一戴冠着宽袖长服之人，面向后室，作跪迎之状，其后有侍从执扇侍候。上下两部分上方均细致刻饰帷幔。

北六。前室至后室通道东侧，高 1.17 米，宽 0.41 米。画像亦分上、下两部分。所表现的人物皆戴冠着长服。上部分有两人，前面一人面向后室端去，后面一人举烛缓步走向后室。下部分亦刻两人，前面一人持镜向后室走去，后面一人举扇端立。两幅画像刻饰在前室至后室的通道壁面，画像造型生动细腻，表现墓室主人最贴近的私密空间。

北七。北壁西侧，高 0.37 米，宽 0.29 米。画像刻饰二人在相向行走。

北八。北壁西侧，高 0.59 米，宽 0.37 米。画像分上下两部分。上部分刻饰三人，旁边两人侧身面向中间正面人物，交谈甚欢。下部分刻饰二人，东起一人举臂执一鼗鼓，在西起长袖大袍的老者面前起舞。在画像的上部与东侧，用卷云连续纹样装饰。

北九、北十一。北壁东侧与西侧。皆长 0.57 米，高 0.55 米。为两个不同形式的直棂窗。东侧直棂窗四周窗棂长高于宽，西侧直棂窗四周窗棂长短于宽，两个直棂窗的位置左右对称，细部则呈现不同的变化。

北十。北壁东侧，长 0.57 米，高 0.55 米。画像刻饰柱斗形象，柱斗造型内刻饰卷云纹样图案。

北十二。北壁西侧，长 0.57 米，宽 0.55 米。画像刻饰望窗形象，望窗周围刻饰卷云纹样图案。

北十三。北壁东侧，高 1.17 米，宽 0.24 米，卷云纹样图案，用直线勾边框。（参见图 12）

前室西壁有 19 块画像石，组成 11 幅画像。

西一。西壁门楣，长 3.13 米，高 0.26 米。画像自北向南刻有比肩兽、马、兔、玄武、飞燕、不清楚动物、玄女、鹿、似象动物、朱雀、动物、华盖、六足兽、山产玉璧、石函、比目鱼、双瓶、蚌生明珠、灵芝草。马、兔、玄武、飞燕、鹿、朱雀、比目鱼、蚌生明珠是祥和之物。玉璧、石函、双瓶、灵芝草有瑞吉之意。画像祥瑞地表现了众多生灵。

西二。西壁门楣，长 3.13 米，高 0.28 米。南端画像漫漶，发掘时能看到的人物 23 人，可分为两组：北边一组 11 个人，相对为静态，但姿势各异，第八人帽插羽翎；第十人帽上似有角状

图 12　海宁汉画像石墓北壁画像（摹本）

装饰。西边一组，显然多为动态的人物前，他们可以分为四小组。北起第一组三个人物，二人匍匐于一个两腿立马步双手舞长巾的人物面前，俯就与张扬，关系和谐。第二组两个人物，北起一人拱手向南，南起一人作迎合状。第三组三个人物，北起一人似为羽人，与下部一人同拱手侧身向西，南起一人作迎合状。第四组三个人物，北起一人舞长袖侧身向南，中间一人侧身跪地向南，南起一人上部漫漶不清，似在作迎合状。整个画像动静结合，人物造型富于变化，表现了人与神共处的和谐关系。

西三、西四。西三位于西壁南门柱，高 1.07 米，宽 0.24 米，西四位于西壁北门柱，高 1.07 米，宽 0.24 米。画像形式与南三、南四相同。

西五。西耳室南壁，高 1.07 米，宽 0.57 米。画像漫漶不清，在东下部仅残存一双腿分立之人。

西六。西耳室北壁，高 1.07 米，宽 0.57 米。画像漫漶不清，仅下部残存三人，一人与两小孩面对，上面刻有帷幔。

西七。西耳室内壁，高 1.07 米，宽 0.97 米。画像漫漶不清，南上角仅存一人。

西八。西壁南侧，长0.9米，高0.28米。画像自北至南刻六人，前三人为一组，后三人为一组。北边一组三人，身体姿势与面部朝向、手势位置比较默契，似随音乐节奏起舞。南边一组三人，北起一人似向中间一人踏拍走步，中间一人与南起一人动势相对。

西九。西壁南侧。长0.95米，高0.51米。画像横宽中部由卷云连续纹样、竖直中部由直线边框分割成四个小的画面，南部两个小画面上下亦饰有卷云连续纹样。南部上边画面两人，作武打表演；下边画面二人，相对起舞。北部两个小画面的上幅，有四人在坐榻上交谈，一人面北，三人面南。下幅刻五人，亦在坐榻上，正面端坐一人，与对面一人坐一榻，有一人立在榻前，南下角坐榻有二人。画像表现了踞座与乐舞的场面。

西十。西壁北侧，长0.74米，高0.27米。画像自北向南刻四人，第二人带假面，在进行假面表演。

西十一。西壁北侧，高0.53米，宽0.74米。与西九画像一样，横宽中部由卷云连续纹样、竖直中部由直线边框分割成四个小的画面。北部两个小画面边饰纹样与西九画像南部两个小画面对称。北部上边画幅三人，下边画幅三人，每组人物有和谐的对应关系。南部两个画面，上边画幅有三人在坐榻上交谈，下边画幅有两人，坐榻前有案，正在宴饮。（参见图13）

2. 画像意义

墓室是亡者死后生活的天地，是通往理想终极世界的特殊阶梯，也是亡者的安葬之地。"从根本上说，坟墓艺术即为安葬死者而施行装饰并被置于封闭门扉后将不再开放的幽冥世界之中。坟墓艺术并不以给生人观看为目的，经历着与后者一同幽禁于冥世之命运。因此，这是为死者而组成的形象天地，来源于先前早

图 13　海宁汉画像石墓西壁画像（摹本）

已滋生并发展的冥世观念，无论随葬品还是绘画，凡是与坟墓有关的要素都各自满足着形成冥界的机能，具有冥界组成部分的意义。"① 冥世观念充分反映了汉代盛行的天人合一的思想。汉代四百余年的历史铸就了辉煌灿烂的艺术，形成了汉代独特的大气磅礴、神秘厚重的精神风貌。汉代的墓葬寄托着墓室主人的期望与幻想，通过墓中的画像完成墓室主人的未竟心愿。海宁汉画像石墓的 51 幅画像，虽分散于墓门上方和前宫四壁，但它与马王堆 1 号汉墓非衣帛画较为集中的内容形式有某种关联。非衣"长丈三尺"，② 刘晓路先生将画面分为三段："从上至下分为天上、人间、地下三大部分，或称为天国、人间、地府三大部分。他们在表面上仅是空间关系，而在实际上也表示时间序列，即：

① ［日］土居淑子：《古代中国的画像石》序，南阳汉画馆：《汉画研究》创刊号，第 48 页。
② 刘晓路：《中国帛画》，中国书店 1994 年版，第 48 页："马王堆 1、3 号墓……"两墓中都有遣策明文记载："非衣一，长丈二尺。"

天上是未来世界，人间是现在世界，地下是过去世界。"① 信立祥先生将画面分为四个层次："幅面最宽的是非衣帛画最上层，是画有日月星辰和诸神的天上世界；其下的第二层是死者已经到达的昆仑山仙界；第三层是画有祭祀场面的现实人间世界；第四层是画有一位脚踏巨鱼、双手托撑大地神怪的地下世界。"② 非衣帛画出土时，覆盖在内棺隔板上，画面向下。非衣的形状与挂起的长袍相似，汉代送葬时，由死者之子举死者生前上衣，同棺柩送入墓室，且覆在棺盖上，招附死者的灵魂不远离死者的肉体。汉代"非"可作为"飞"使用，"非衣"的意思可为"飞衣"。③ 人们幻想死者魂灵通过非衣附着于死者的肉体，非衣上面不同层次的画像显示其逐步升天的过程，非衣具有"飞衣"的实质性意义。马王堆 1 号汉墓非衣帛画所表现的魂灵升天观念在汉墓壁画及汉画像石、画像砖墓中广泛存在。信立祥先生在讨论汉画像石题材内容分类时，在马王堆汉墓非衣帛画的研究基础上，认为："汉画像石题材内容的分类，只能遵循这种宇宙观念，分为天上世界的内容，仙人世界的内容，人间世界的内容，地下鬼魂世界的内容等四大类。"④ 由共性分析个性，海宁汉画像石墓画像的升仙主题具体是怎样去表现的呢？

首先对天上世界的表现独具特色。根据海宁汉画像石墓砖石构造的建筑特点，在墓壁上部及顶部的画像砖画像及画像石的最上层画像进行表现。海宁汉画像石墓的墓道、前室壁面上部与顶部以及后室墙面的画像砖图案为文字砖纹样与几何形、卷云纹样。它们按照不同的排列组合，形成连续的整体图案。文字砖字

---

① 刘晓路：《中国帛画》，中国书店 1994 年版，第 126—127 页。
② 信立祥：《汉代画像石综合研究》，文物出版社 2000 年版，第 193 页。
③ 见何介钧、张维明《马王堆汉墓》，文物出版社 1982 年版，第 144—145 页。
④ 信立祥：《汉代画像石综合研究》，文物出版社 2000 年版，第 62 页。

样为"天"字，它对称分布在文字砖的两端，中间为钱纹。画像砖画像有两类，一为几何形纹，二为中间卷云纹、两端几何纹，它们分布在墓室壁部与顶部，其组合情况为：三横砌的几何形、卷云纹画像砖，后立筑一竖文字画像砖。横砌的画像砖第一层为卷云几何形纹画像砖，第二层为几何形纹画像砖，第三层又为卷云、几何形纹画像砖。王充说："天者，气邪？体也？如气乎，云烟无异。"[①] 天是由气体组成的，其间充满了云烟。以"天"字画像排列成有序的空间图形，暗示着"天遂未形"，[②]"天"浑然一体，"虚廓生宇宙，宇宙生气"，[③] 卷云纹与几何形纹表现的是天穹流动的气，抽象的点线构成了虚无缥缈的美，显示了上天的神秘空灵之气。画像砖的表面有1厘米的朱色涂层。说明当时砖面涂有颜色，它的基本做底应是用朱色的。《考工记》对色彩记述为："东方谓之青，南方谓之赤，西方谓之白，北方谓之黑，天谓之光，地谓之黄。"[④] 洛阳卜千秋汉墓顶脊的壁画上，卜千秋夫妇升仙图的太阳以朱色绘制、金谷园新莽壁画墓穹隆顶部绘作的太阳与彩云皆为朱色。海宁汉画像石墓则以朱色涂层，进一步来表现上天的丰富色彩。

画像石最上层画像以祥瑞表现居多。（参见图14）"祥瑞是汉代人认为代表'上天垂象'的某些自然现象。"[⑤] 神兽、瑞禽、瑞草、嘉禾、善物等是人们心目中的吉祥瑞应之物，自然界的某些动物、植物被神化了。巫鸿先生分析道："根据历史记载，武

---

① 王充：《论衡·谈天篇》，上海人民出版社2005年版。
② 《淮南子·天文训》。
③ 同上。
④ 闻人军：《考工记》，巴蜀书社1996年版，第73页。
⑤ 巫鸿：《礼仪中的美术——巫鸿中国古代美术史文编》，生活·读书·新知三联书店2005年版，第147页。

图14　海宁汉画像石墓墓门门楣画像（拓本）

汤池：《中国画像石全集第5卷》，山东美术出版社、河南美术出版社2000年版。

帝时期的祥瑞有麒麟、群鸟、飞马、赤雁、宝鼎、陨石、神光、虹气、孛星、无云而雷等等。宣帝时，凤凰在不同地方出现了五十多次，另外还有白鹤、五色雁，前赤后青鸟、神爵、白虎、黄龙、铜人生毛和甘露等。王莽时期，五年之中竟出现了七百多项各种各样的祥瑞。"① 在汉代，祥瑞图像反映了人和自然界关系的变化，象征着上天和人间政治的紧密联系，祥瑞画像成为经常表现的主题。海宁汉画像石墓有丰富的祥瑞画像，其中神兽有麒麟、玄武、兔、比目鱼等；瑞禽有凤凰、朱雀、飞燕等；祥草有嘉禾、蓂莆、莲、灵芝草等；善物有旄节、幢、剑、井、华盖、山产玉璧、田地、石函、双瓶、蚌生明珠等。（参见图15、图16、图17、图18）这些画像出现在画像石的最上层，且横向排列有序，多呈现运动状态，焕发出生命活力。海宁汉画像石的东壁祥瑞画像中间也有人物画像：有表现手搏与执旄节人物相观望的情景，有表现人物看到蟠龙后的逃避状态，也有表现羽人与人物在井旁的呼应姿势。画像中的剑、旄节、井是上天垂降的祥瑞之物，羽人是表现死者羽化登仙希望的借助形态，表现了世人接受祥瑞之物的情景。

① 巫鸿：《礼仪中的美术——巫鸿中国古代美术史文编》，生活·读书·新知三联书店2005年版，第147页。

图 15　海宁汉画像石墓前室东壁东一画像（拓本局部）

嘉兴地区文管会、海宁县博物馆：《浙江海宁东汉画像石墓发掘简报》，《文物》1983 年第 5 期。

图 16　海宁汉画像石墓前室北壁北一画像①（拓本局部）

（拓本来源同图 15）

图 17　海宁汉画像石墓前室北壁北一画像②（拓本局部）

（拓本来源同图 15）

图18 海宁汉画像石墓前室北壁北一画像③（照片局部）

海宁画像石墓对仙人世界的表现也很精彩。汉人求仙活动不绝，昆仑山、海中三神山、西王母，是汉人向往的地方。"西汉时期，昆仑山开始成为全社会崇敬的、人人渴望到达的、最具吸引力的幸福仙境。就这样，一个新的宇宙构成部分——仙人世界终于被人创造出来了。"① 仙人世界不同于天上世界，汉人认为天上世界森严神秘，可望而不可即，人死了以后可以升入仙人世界，仙人世界有主宰生死的神仙西王母。要想飞升到昆仑山仙人世界西王母处，羽化升仙似乎是一条可行之路。海宁汉画像石有生动的羽人形象，他们身材修长矫健，肩生双翼，上可与仙人为伍，下可嬉戏于人间，仿佛是自由的精灵。汉人认为人世间可以和仙界交往，仙人与世人的形态可以相同，即使昆仑山仙境的西王母也有着"人神同形"的变化。李淞先生曾勾勒出西王母形象："西汉后期至东汉初期，西王母为3/4侧面角度，为情节式构图；东汉初期至中期，西王母为正面角度，左右为对称的侍从，为偶像式构图；东汉中期以后，普遍出现有翼像。"② 西王母在仙界是以世人形象出现的，这种观念在海宁汉画像石墓中也得到了体现，画像中羽人以世人形象出现，与世人在一起生活，帮助墓室主人完成登仙的愿望。（参见图19）

---

① 信立祥：《汉代画像石综合研究》，文物出版社2000年版，第62页。
② 李淞：《论汉代艺术中的西王母图像》，湖南教育出版社2000年版，第312页。

图 19　海宁汉画像石墓前室西壁西二画像（摹本局部）

　　海宁汉画像石表现有龟形础、蟠龙柱、一斗三升斗拱的形象。（参见图 20）龙是该画像的主体形象，有学者提出："龙以各种水族为主体（主要是湾鳄、扬子鳄、蛇、龟等）与鸟兽复合为图腾的氏族——部族的徽识。"① "龟与蛇交为玄武"，② 蛇与龟身相缠，相互交尾媾和，表示了极为亲近的关系。在中国神话传说中，龙曾力助于皇帝，龟背壳很大，是大地的支柱。大禹治水时龙在前引导，龟随后，在治水的 13 年岁月中，龙与龟成为亲密的伙伴。③ 龟的形象在吴越地出现较早。《越绝书》卷二《越绝外传帝记吴地传》记载吴王的射堂，"桩础皆是伏龟"。还记载曰：吴大城平面布局类似龟，所以又叫龟城。吴国还有龟山。西汉后期，少孙在长安寻求司马迁的《史记·龟策列传》不得，因而问之太卜官及"掌故文学长老习事者"，补作《龟策列传》，其中所言，均在南方：神龟出于江水中，庐江郡常岁时生龟长尺二存者二十枚输太卜官……有神龟在江南嘉林中。……龟在其中，常巢于芳莲之上。

---

①　王大有：《龙凤文化源流》，北京工艺美术出版社 1988 年版，第 77 页。

②　《文选》。

③　见李铁《汉画文学故事集》，中国青年出版社 1989 年版，第 124 页。

图 20　海宁汉画像石墓前室东壁东三画像（拓本）

（拓本来源同图 15）

现在浙江一带还有龟镇水的说法，龟形柱础显示了该墓的地域特点。海宁汉画像石墓中以龟为柱础，龙缠绕柱身，且龙的形象头部又似蛇形，实际在表现蛇与龟的亲密关系，蟠龙柱在蛇与龟的连接图形中形成，具有明确的象征意义。同时，龙与龟又在四神之中，在蟠龙柱的顶部是一斗三升斗拱，有升腾之意。龟形础的玄武神，蟠龙柱的青龙神，组成祥瑞画面。

　　海宁汉画像石的东墓门画像，上为朱雀与三鸟，下为铺首衔环。朱雀是南方的神灵，汉代尊为神鸟。（参见图21）铺首兽头环眼，是人为的象征物，如郭沫若指出的："未脱离原始风味，

图21　海宁汉画像石墓墓门门扉画像（拓本）

（拓本来源同图15）

颇有近于未开化民族的图腾画。"① 朱雀与铺首结合为墓门，既有保护墓室的祯祥意义，也有引导墓室主人成仙的祥瑞作用。朱雀之上有三鸟，《山海经·大荒西经》曰："有三青鸟，赤手黑目，一曰大鹜，一曰少鹜，一曰青鸟。"三只青鸟陪伴在西王母身边。朱雀、三鸟、铺首共同形成了墓室主人登临仙境的祥瑞气氛。

　　海宁汉画像石墓前室南壁的马厩画像，是墓室主人做车马出行的准备工作。东侧画像表明车马已开始行走。（参见图22）至东壁的第二层画像，自南至北继续表现墓室主人车马出行场面，最后到达由亭长迎接的祠内，接受世人的祭祀，然后登临仙界。

图22　海宁汉画像石墓前室南壁南一画像（拓本局部）

（拓本来源同图15）

　　人间现实生活是海宁画像石重要的题材。百戏是现实生活题材的主要内容，它分布于海宁汉画像石墓前室的四壁。关于百戏，《事物纪原》引《汉元帝纂要》曰："百戏起于秦汉曼衍之戏，后

---

① 　郭沫若：《青铜时代》，中国人民大学出版社2005年版。

乃有高绠、吞刀、履火、寻橦等也。"这应是各种表演艺术的总称。因此，廖奔先生按照今天的观点将其分为四部分："（1）杂技；（2）舞蹈；（3）假形扮饰；（4）竞技。"[①] 海宁汉画像石的百戏画像，有时几个组成部分并列出现，有时仅一个片段单独出现，比较轻松随意地进行表现。前室四壁画像上面第二层有羽人，表现羽化成仙的情景，与其成列配置的画像则是表现百戏的一些内容。北壁自东至西有四组人物，其中第三组与第四组画像都在表现竞技的场面。西壁自北至南可分为两组人物，北组北起第八人帽插羽翎，看来在进行假形扮饰表演。《述异记》云："秦汉间说蚩尤氏耳有鬓如剑戟，头有角。与轩辕斗，以角抵人，人不能向。今冀州有乐名'蚩尤戏'，头戴牛角而相抵。汉造角抵戏，盖其遗制也。"北组画像横向排列 11 人，在观看假形扮饰表演。南组画像动态较大，北起第一组为长袖舞，第二组有一羽人形象，第三组也有一羽人形象，他们与左右两边的人物似在进行某种配合默契的表演。海宁汉画像石的羽化成仙是在百戏表演的祥和气氛中进行的，这里的天上与人间场景不是绝对分开的。南壁东、西两侧下部集中表现了百戏画像。按照前文的画像编号，南八画像表现跳舞的情景，南九为竞技画像，南十亦为竞技画像，南十一上组为舞蹈画像。这些画像内容丰富、形象生动。东壁南侧下部三幅画像为百戏内容，东十画像自南起有表现弄丸的杂技，接着四人或踏足、或舞绸、或扬臂，舞姿生动；东十一画像有人在相叠的十二案之上做倒立杂技表演，有一人在做举盘杂技项目，有人在跳七盘舞，有人在做伸顶圆物杂技。该画像刻画的杂技舞蹈项目都很精彩，十二案之上的倒立表演在国内汉画像石中很少见到。

---

① 廖奔：《论汉画百戏》，《汉代画像石研究》，文物出版社 1987 年版，第 107 页。

七盘舞是汉时著名的舞蹈，在南阳、山东、四川汉画像石中均有出现，鲍照《诗数》说："七盘起长袖，庭下列歌钟。"七盘舞画像说明吴越之地已广泛吸收了中原文化的精华。北壁北八画像下面一组亦为跳舞情景。西壁西八画像表现较为静止的舞蹈场面。西九画像的四个小画面均表现竞技与舞蹈观赏的状况，西十画像人物戴假面具为假形扮饰表演。百戏这种艺术形式在汉代并不成型，它所包括的众多种类显示了汉代兼收并蓄、气势雄大的艺术特点。海宁汉画像石的百戏画像有鲜明的个性。（参见图23）

图23　海宁汉画像石墓前室东壁东十东十一画像（拓本局部）

（拓本来源同图15）

　　海宁汉画像石的历史故事画像也很生动。高祖斩蛇故事见于《汉书·高帝纪》，记载汉高祖刘邦起事时路遇大蛇（相传为青帝之子）挡道，遂斩之，后传刘邦为赤帝之子，斩了青帝之子，起事时众皆响应，遂成大事。（参见图24）这个历史故事富于神话色彩，因此将其画像放在北壁表现仙人世界上的第二层画像

图 24　海宁汉画像石墓前室北壁北二画像（拓本局部）

（拓本来源同图 15）

上，高祖斩蛇画像既是历史故事，也是神话故事，它出现在仙人世界的画像层面里，可以起到仙人世界与天上世界、人间现实世界的沟通作用。该画像极其生动，大蛇躯体卷曲、昂首向上、双目圆睁、毒汁喷溅，高祖沉稳矫健，举剑迎蛇而上，其他役从随其后，奋力搏斗。高祖斩蛇画像在全国汉画像石中表现不多，海宁汉画像石墓画像形象生动堪为此类题材的代表。东壁的东九画像，表现了荆轲刺秦王的历史故事。这个题材在南阳、山东、四川的画像中多有表现，但东九画像对于人物情节、动势特点、造型式样进行着力刻画，使画面呈现生动个性。北壁北八画像最下面一组是表现"老莱子娱亲"的历史故事，老莱子为一扶杖老者跳鼕鼓舞，以娱长辈。

　　东壁东五、东六、东七的庖厨宴饮画像，有人牵着牛、羊，担着鱼、肉，抱着野味，进入厨房，有人在案前举刀剁物，有人在灶前烧火，具体再现了庖厨场景，同时画像也表现待客宴饮、欣赏歌舞的场面。

　　海宁画像石是以象征手法表现地下鬼魂世界的。后室是安放墓主人灵柩的地方。在前室通向后室的通道两侧有四幅人物画像，构图饱满，人物皆着宽袖长衣，而且都面向后室。（参见图25、图26）西侧上面的画像一人提勺在添加灯油，下面的画像有一人面向后室跪拜迎接，侍从在侧身伺候。东侧上面的画像，一侍从举烛侍立，一人正缓步走向后室；下面的画像，一侍从举扇侍立，一人持镜向后室走去。这些画像离墓主人棺灵最近，象征性表现了葬于地下的墓主人会走出墓室，车骑出行到地上祠堂，然后升入仙境。汉代人认为，人死后灵魂首先归于地下世界，但同时又认为，地下世界并不是灵魂的久留之地。《楚辞·招魂》云："魂兮归来！君无下此幽都些。"在《楚辞·招魂》的描述中，幽都与地府中有地下魔王追逐人，有长着三只眼睛的虎吞吃人，人的灵魂在地下世界不得安宁，必须离开。因此海宁汉画像石墓精心在前室至后室的通道上安排送走墓主人灵魂的画面。

（三）视觉造型

1. 墓室环境

海宁汉画像石墓由南而北的墓道、前室、东西耳室、后室连接有序，空间组合适宜。拱状墓道比例和谐，门扉与周围门楣、门柱、门槛构成合理的出入通道与安静的墓室环境。

前室近于方形，东、西耳室分布两边，南、北两个祭坛放置随葬器物。随葬品碎片经修复后，有灰陶案3件、耳杯13件、灰陶钵2件、灰陶奁1件、灰陶樽1件、灰陶盘1件、灰陶盒2件、灰陶勺1件，器物表面都涂有朱红颜色。灰陶俑修复后尚有5件，一是跪拜俑，跪拜俑为男俑，着高冠，宽衣博带，匍匐跪拜，毕恭毕敬，其穿着不同于生活奴仆，似有一定的身份和地位。二是抚琴俑，抚琴俑为女俑，面带微笑，清秀俏丽，抚琴动作极其优雅闲适，放于前室。抚琴俑还有一个残的，另有两个残舞俑，它们是亡灵的陪伴者。还有瓷罐2件、石猪2件。在墓室还发现有

图 25　海宁汉画像石墓前室北壁北六画像（拓本局部）

（拓本来源同图 15）

图26　海宁汉画像石墓前室北壁北五画像（拓本局部）

（拓本来源同图15）

不同样式的钱币。东、西耳室较浅，也可以看成是前室的组成部分。前室壁面下部为画像石砌筑，根据某些石面尚存的朱红色彩残迹推测，下葬时的画像石表面应涂有色彩。画像石上面的壁面与拱券顶由带文字与图案的画像砖砌成粉刷石灰层后，由鲜艳朱色饰作。前室后室之间用画像石砌筑壁面，中间是通道，两边是直棂窗对称，直棂窗下分别有石望窗与柱斗石刻作均衡处理。

前室壁面的画像丰富，蟠龙柱、车马出行、舞乐百戏、宴饮、炊厨、马厩与祥龙、瑞虎、朱雀、铺首等画像按要求配置。前室是这座墓葬的精雕细琢之处，圆形的拱券顶形成室内空间，铺地砖、祭坛组成地面。前室有空灵的祭坛，有形态各异的朱红陶器，有形象生动的陶俑和壁面极其生动的画像，整个墓室灰地、朱壁、朱顶，环境神秘、色彩和谐。

　　后室东、西两壁由 6 层素石砌起，上面以文字与画像砖砌为拱券顶，北壁用砖砌成门状，墓壁砖砌处粉刷石灰层面后着朱红色，后室与前室一样笼罩着神秘的气氛。后室北壁正中设计砖砌的拱形门，使人产生丰富的联想。

　　海宁汉画像石墓是一个精心设计的墓葬，主墓有前室、后室，周围小墓与其保持一定的距离。地表上封土堆比较高，四周也比较阔，呈圆形。它与画像石墓的拱券圆顶保持一致，模仿天地宇宙形象，追求其间的有序统一。海宁汉画像石墓的墓葬环境是静谧的，"它已经找到自己的生命与大自然的生命之间的一种和谐，它们之间自由自在地来往"。[①] 它们之间的组合完美恰当，形成了良好的墓葬环境。

　　以砖砌成的海宁汉画像石墓拱券顶墓道，中部凸出 7 块砖，形成的扇面造型镶嵌在拱券的形体上，砖的砌法在统一中富于变化。墓门组合严密，门扉、门额、门柱、门槛均用条石构建。前室地面用方形与长方形砖铺设，铺地平面中间高、东西边低，略呈微弧状，与墓室的拱券顶相呼应，两个大小不同的长方形祭坛与铺地长方形砖取得和谐。前室壁面由画像石、画像砖两部分组成。画像石部分基本形态为 6 块条石组合，由 66 块画像石形成了每个壁面的不同变化。同时，构成墓门、东、西二耳室、前室后室通道及直棂窗、望窗与柱斗石刻。画像砖部分形成墓壁的上部及拱券顶，采用三横一竖的砖砌方法，连续排列，使砖上的文字与图案呈现有规律的变化。后室除去北壁，其他三壁由素面石、画像砖组合而成，地面铺设也与前室相同。整体而言，海宁汉画像石选用石与砖为建筑材料，由刻制的画像与文字，达到珠联璧合，完成了建筑、雕刻、绘画的一体建构。

---

　　①　L. 比尼恩：《亚洲艺术中人的精神》，辽宁人民出版社 1988 年版，第 9 页。

在统一组合形式的表现中，尺度是海宁画像石墓建造的首要问题。该墓总长近 10 米，长为宽的 2 倍有余，其平面呈长方形，前室与后室都接近正方形。墓残高 3 米左右，该墓尺度和谐、方圆有序。前室是该墓的重要组成部分，极重视建筑材料的尺度，地平铺地与祭台垒筑选用大小不同的砖，祭台砖大于铺地砖。壁面的画像石根据位置，选用不同尺度的石料。东壁、西壁、北壁、南壁门柱分别雕刻蟠龙柱画像，尺度在统一中有所变化。前室南壁通向墓门与墓道，门楣石的选择与墓门及墓道用石的尺度契合。北壁通向后室，在其隔墙上又有直棂窗、望窗、柱斗石刻，选择用石尺度较大，形成的门楣能够压合隔墙上的这些部件。因此北壁门楣较大，选用两块尺度较大的长石横置，南壁门楣用石尺度较小，两个壁面相对，形成尺度的对比，呈现多变的空间形象。前室与墓门、后室、东、西两耳室，以及北壁的直棂窗、望窗、柱斗石刻，其尺度比例是极为和谐的，表现出丰富的艺术变化。

画像是墓室建材的表面装饰，根据建筑构造的需要，画像石画像相对集中于墓道、墓门、前室、东西两耳室、前室至后室的通道。前室最为集中，画像分布呈现有规律的变化。墓道没有画像，但墓门门楣画像对应着墓道，因此墓门门楣上画像布局疏朗。墓门门扉里面画像布局也比较疏朗，门扉闭合时与门柱侧面的蟠龙柱画像可以组成一个围合空间。前室居于墓室的重要位置，画像布满，完成前室的装饰功能。东、西二耳室正侧两面布满画像。前室至后室的通道也有画像。画像砖画像布满墓道、前室壁画像石以外的壁部及拱券顶部、后室除素石与北拱墙外的壁部及拱券顶。画像砖画像本身体积小，画面内容亦比较单调，但是层层叠叠重复排列后，即形成较大的视觉形象，文字画像砖显现重复的"天"字，与简明的图案画像呈现有规律的排列形式。画像砖与画像石画像相辅相成，使墓葬内部空间充满神秘感。

海宁画像石墓使用传统的雕刻手法。宋李诚在《营造法式》中提出"雕镌制度有四等，一曰剔地起突，二曰压地隐起华，三曰减地平钑，四曰素平"。[①] 杨伯达先生在划分山东汉画像石刻法时使用阴线刻、平凸刻、隐起刻、起突刻、透突刻等词汇。[②] 这种提法较为精当。海宁汉画像石在制作过程中，首先在平整的石面上完成物象的轮廓线，对轮廓线外的石面减地磨光，轮廓线内施阴线刻画细部。由于轮廓内的阴线刻能够准确表现物象的内在结构，因此所表现出的画像，无论神兽与灵物、图案与人物均比较生动。它们的整体形象高出了减地的石面，然而它们的内在结构是阴线刻，又划开形象的隐起面，与减地的石面融为一体，从而呈现出画像与石面密切结合的视觉反映，可以归类为平凸刻施阴线与隐起刻施阴线。一些特殊的画像，北壁的柱斗石刻是起突刻，它的石面深度剔地，使柱斗形象凸出石面，又以阴线刻进行细部装饰，呈现出完整的空间形象。（参见图27）直棂窗、望窗是透突刻，把直棂窗的窗棂、望窗的中间部分透空处理，起到前后室通透的空间效果。多变的雕刻方法使画像石风格别致。海宁汉画像石墓的画像砖采用模印的阴刻线装饰，由于画像砖较小，呈现密集排列状态，众多画像砖阴刻装饰的密集，使墓室上面凸显出神秘的空间图形，与墓室下面画像砖隐起面中的阴线刻形成了对比，活泼了墓室的装饰环境。这些方法生动地表现了墓室的环境空间。

海宁汉画像石墓周围三面环河，吴越之地的水性文化必然渗透到设计思想中来。它受江南土墩墓构造影响，墓进土不深，上

① 李诚：《营造法式》，上海商务印书馆、万有文库版1954年重印本。
② 见杨伯达《试论山东画像石的刻法》，《中国古代艺术文物论丛》，紫禁城出版社2002年版，第59—63页。

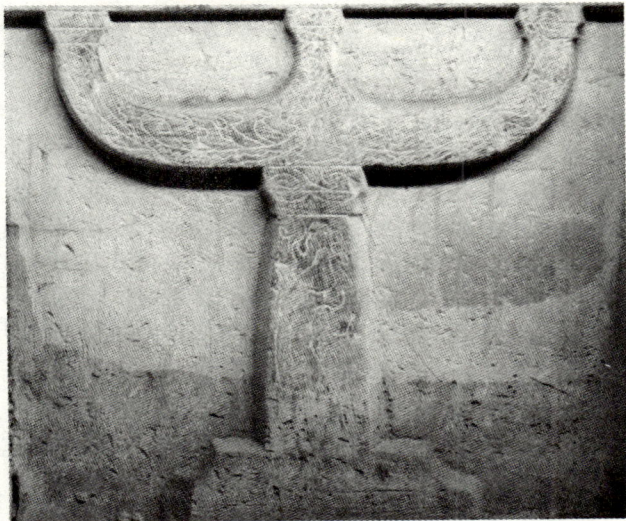

图 27　海宁汉画像石墓前室北壁北十画像（照片）

面封土较大。墓的形制简明：其平面为长方形，前室、后室近似方形。前室的画像石呈现规律的方形组合，东、西、南、北壁四个门楣上面高度相同，它们的连接线组合成方形，与墓室底面的方形呈平行状态。直棂窗、望窗、柱斗石刻的方形，祭坛的长方形，墓门、东、西二耳室通道、前室至后室通道的长方形与之相称，组成了前室空间规矩方形的刚正基调。画像砖构筑的券顶呈拱状圆形，与下面的方形进行对比，使前室呈现工整秀巧的变化。后室与前室的构造基本相同，墓道是通往前室的甬道，它与前室构造紧密相连，整体感好。创造出来的艺术环境空灵神秘，和谐奇特，呈现出清丽刚秀的风貌特点。

2. 图绘整体

汉画艺术产生于磅礴大气的汉代社会。对形象特征本质的把握在两汉有其传统。西汉初期盛行黄老思想，老子认为"有物混成，先天地生"，① 认同的是大道而非细枝末节。《淮南子》曾写道"青葱苓茏，崔蘦炫煌，蠉飞蠕动，蚑行哙息"。② 西汉艺术大气、深沉，强调对形象整体把握的能力。东汉初期广泛关注人的生命本身，个性表现得到发扬。艺术表现从屈服自然与神秘莫测的迷雾中走出，逐渐具有鲜明的个性特点。东汉晚期注重艺术气质，形似与神似的表现方法得到了应用。东汉思想家王充说："阴阳之气，以人为主，不于天也"，③ 提出了人在天地人世间的价值问题。东汉书法家蔡邕指明篆书的神韵："体有六篆，要妙入神。或像龟文，或比龙鳞，纤体效尾，长翅短身。"④ 篆书的形神统一说明了汉代对艺术形象的把握程度。

　　按照两汉的形体特征认识传统。海宁汉画像石整体表现画像的图形，使形象均清晰地脱离出石面，呈现完美的整体感觉。而且深入表现细部，并使细部统一于整体形象之中。在完成整体形象的同时，又进行了表现手法的创新，即把神似与形似完美地结合在一起。所表现的神灵与人物不但具有极强的整体感，而且对细部精微表现，但对于细部的精微表现不是罗列细节，而是取其神韵，运用神似的方法进行表现。这种刻意的追求来自于对形象特征的准确把握。荆轲刺秦王是一个脍炙人口的历史故事。（参见图 28）海宁汉画像石中所出现的人物均置于一个大的动势形式中，整个场面的组成部分，荆轲、秦王、秦武阳等每个人物的细节都没有自身的个性语言，他们统一在出神入化的神态表现上，我们似乎看到一个风掣电闪的激烈搏杀过程，每一个具体情节掺入进明快强烈的节奏中去，形似与神似结合完美，运动感极强。

---

① 《老子·二十五章》。
② 《淮南鸿烈·俶真训》。
③ 王充：《论衡·明雩篇》。
④ 蔡邕：《篆势》。

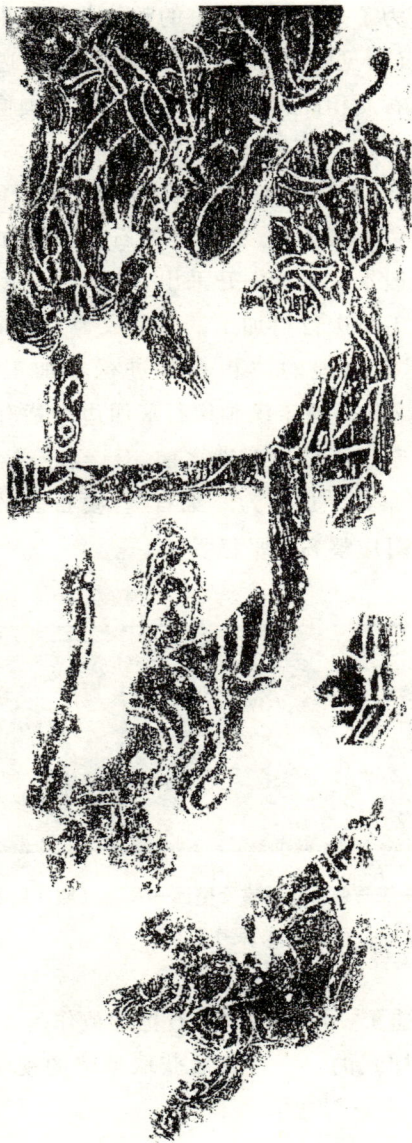

图 28　海宁汉画像石墓前室东壁东九画像（拓本）（拓本来源同图 15）

海宁汉画像石为了达到形神统一的整体艺术效果，刻意进行石材表面的处理。（参见图29）海宁汉画像石墓西边小墓发现所堆放的石块与主墓石质相同，据此推断，海宁汉画像石墓可能是原地加工后，碎石放进了西面小墓。《隶释》卷六《从事武梁碑》碑文曾记录武氏祠选石时是"竭家所有，选择名石，南山之阳，擢取妙好，色无斑黄"。在汉画像石选石与加工过程中应有一定的步骤。一般来说，首先开采出"毛石"，接着，按照设计要求，对开采的毛石进行粗加工，使其成为"粗石"。接着按照设计要求，对运至墓地的"粗石"进行细加工，使其成为"细石"，上面再起稿。[①] 海宁汉画像石墓西边小墓有相同的碎石块，说明在进入海宁汉画像石墓地之前，已经经过了毛石阶段，将"粗石"运到了墓地，加工为"细石"。要石面平整，然后磨得光滑洁净，石缝对应整齐、平稳妥帖。

图29　海宁汉画像石墓前室西壁西一画像（照片局部）
（拓本来源同图15）

刻制环节比较重要，海宁汉画像石把形象作为无限空间的一个客体来进行视觉样式的分析，最后获取整体的视觉艺术形式。

---

① 　见王建中《汉代画像石通论》，紫禁城出版社2001年版，第466页。

美国现代美术理论家鲁道夫·阿恩海姆指出："在人类发展的早期，其所拥有的一切意象都是借助于图与底之间的简单分离造成的。代表事物的图看上去明确，有特定的结构，而且从一个没有边际、没有特定形状、均匀同质，看上去不太重要或常常被忽视的'底'中分离或突出出来。"① 海宁汉画像石对于要表现的主要形象，往往通过一些较为充满的、周围有明显边界的线条进行。即是把形象设计成一个连续统一的式样。把次要的形状成为其间的缓冲或装饰，来形成图形与背景的关系。为了区分图形与底，先勾画图形轮廓线的位置。接着又否定轮廓线，要表现形象的整体外貌，使轮廓内的形象构成一个整体图像。对于形象的具体把握从两方面入手。首先注意形象的外在整体风貌，使之摆脱真实相貌的束缚。凭直观感觉，海宁汉画像石已经能够较好地把握形象的真实相貌。对人物的比例与造型能够驾轻就熟地掌握。但采取的却是放弃对真实相貌的摹写，抓住人物的外在运动姿势，形体进行大胆变化，生动地表现主题内容。接着认真表现形象的空间范围界限，确定形象的轮廓线，近而模糊轮廓线的概念，在轮廓线内的体块里对形象进行刻意的艺术表现，形成了完美的整体图绘形象。

　　海宁汉画像石多采用这种方法。石面磨光后，进行减底，所留下的形象呈现自然的平面凸像感觉。然后在形象的主要结构与重要细节处刻以阴线，可以总结为平凸刻施阴线的方法。在刻其阴线时从几方面入手：阴线有聚散虚实变化；阴线有顿挫与艰涩变化；阴线有粗细与浓淡变化。以此来形成线与面的丰富变化。（参见图30）该墓前室至后室通道四壁下部人物画像，二人皆着衣戴冠，北面一人侧立作迎候状，南面一人 3/4 面侧立作侍卫

---

① 　鲁道夫·阿恩海姆：《视觉思维》，光明日报出版社1986年版，第409页。

图 30 海宁汉画像石墓前室北壁北五画像（照片局部）

状，两个人物形象以凸出平面显现，其面部五官、胡须、身体及衣服的肘、肩、腰与领口、袖、衣褶用线均较为概括与精到。这些多变的线与形体内由线所间隔的不同大小的面形成视觉的对比，使画像呈现极其生动的状态。另一种方法是隐起刻施阴线，在海宁汉画像石中，有些石面剔地处理后，对所要表现的形象划定轮廓线后，轮廓的边沿模糊处理，而对形象内部结构与细节认真表现，使形象不再有完整的轮廓概念，形象与背景处在交融的状态中，形象整体从背景中隐起，上面施刻的阴线成为形象中的有机组成部分。同时为了加强对比变化，在一些石面进行阴线刻画像与图案的表现，如东壁北部中间庭院与亭台楼阁、某些画像的边框用阴线刻卷层做图案、墓门门楣下部石面用阴线刻卷云鸟兽纹图案。

　　对形象的总体性认识，决定了海宁汉画像石的整体性把握。"许多力量融合为一个总的力量，它和一个个力量的总和有本质的区别。"① 形象的综合性要通过有意味的形式表现，形式是内容的外部表现，形式的完满需要概括简化形象，但"简化并不仅仅是去掉细节，还要把剩下的再现形式加以改造，使它具有意味"。② 有意味形式使形象产生鲜明的艺术感觉。

　　海宁汉画像石通过分析形象，把握对于形体特征的认识，然后精选石材、处理石面，运用不同的雕刻方法。从形象的选择与确定、制作材料与方法的综合，产生对形象的总体把握，接着选择有意味的形式创造性地表现，产生图绘整体的画像。

　　3. 线条韵律

　　线条表现是海宁汉画像石的主要方法，石面上的阴线刻有悠久的传统，新石器中期良渚文化的大批玉器用阴线刻饰精美的造型与图案。新石器晚期连云港将军岩岩画在岩石面上用阴线刻表现人面、兽面、鸟头、星象及其他符号。三代时期安阳殷墟出土的虎纹石磬、新干大洋洲出土的神人兽面形玉、杭州半山出土的玉瑗，均以阴线刻饰出生动准确的造型。汉代画像石首先以阴线刻的方法出现，目前有准确纪年，在公元前 80 至前 75 年的山东沂水鲍宅山凤凰画像是用阴线刻制的。依据阴线刻手法和其他特点，确定了汉画像石的早期艺术风格，为汉画像石的发展奠定了基础。海宁汉画像石在汉画像石的成熟期出现，必然继承阴线刻的优秀传统。

---

①　恩格斯：《反杜林论》，人民出版社 1970 年版，第 124 页。
②　克莱夫·贝尔：《艺术》，中国文艺联合出版社 1987 年版，第 155 页。

　　画像一般开始时要用墨线起稿，但用阴线刻制时要舍弃墨线稿的制约，以凿刀代替笔，要放刀直刻。刻制是对形象的再创造过程。海宁汉画像石按照确定的刻制方法，创造出生动丰富的各种阴刻线条，呈现出线条的质地感。(参见图 31)宗白华先生指出："商周的钟鼎彝器及盘鉴上的图案花纹进而成为汉代壁画，人物、禽兽已渐从花纹图案的包围中解放，然在汉画中还常看到花纹遗

图 31　海宁汉画像石墓前室东壁东四画像（照片局部）

迹起伏于人兽飞动的姿态中间，以联系呼应全幅的节奏"，① 汉画像石上的线条是由历史传统的图案花纹变化而来的，但是已经不再是花纹图案，而是有生命力的人物与禽兽动态的具体映现，它要表现生气勃勃的自然界形象。中国绘画与书法有密切的联系，书法是线条的艺术，东汉晚期隶书进入成熟阶段，篆书在汉墓中也得到使用，民间也出现了习字范本《急就篇》，为学习章草起到普及作用。东汉书家蔡邕说："体有六篆，要妙入神。或像龟纹，或比龙鳞。纤体效尾，长翅短身。"② 中国书法的象形文字用线条表现动物的生命之势，表达物象的结构和生气勃勃的动作。海宁汉画像石用线条作为造型的主要手段，表现形象的内在结构与细节，但这些表现不是单纯的罗列，它服从于海宁汉画像石的统一风格，要追求形似与神似的统一，于是用线条来表现画像的神似与意境。车马出行画像饰刻的阴线，或表现内在结构，或表现其他细节，但无论哪种线条，均呈现一定的力度感，表现车行疾驰的潇洒神态。蟠龙柱画像中，为表现蟠龙攀柱强劲而上的力度，阴刻线条刚劲沉稳，富有弹性。为表现人物画像的动势，很注意线条的本身性能。对于人物面部五官表现，特别是由眉间至鼻根、鼻翼所用的线凝重沉着，表现出面部的清秀之美。

海宁汉画像石的线条有些比较密集，有些比较稀疏。一些动势较大的乐舞百戏与历史故事画像，每个人物形象内部刻饰阴线都比较多。"乐舞"画像，画面以密集的阴刻线条表现两人作舞时舞姿的生动感觉。"老莱子娱亲"画像，画面上的老者与儿童形象均以较多的线条表现二者的相互联系。前室至后室通道两侧的画像，画幅较大，人物形象又相对静止，因此用线极其精练，

---

① 宗白华：《美学散步》，上海人民出版社 1981 年版，第 103 页。
② 陈思：《书苑菁华》，收录蔡邕《笔论》，北京图书馆出版社 2003 年版。

尤其是身上的着衣线条只在身体转折部分、骨骼的关键地方刻饰线条。其余留白大量的石面,以大面积的石面与精练的阴刻线条形成对比,增加了线条的艺术表现力。线条的多与少形成了虚实变化,作为宇宙间的一种艺术现象,艺术表现必须虚实结合,才能准确地反映有生命的世界。孔子曰:"绘事后素",① 在雕绘过程中,要加强某些重要部分然后留以适当的空白,把绘画的整体需要化实为虚,以此完成艺术的创造过程。海宁汉画像石以阴刻线条的疏密表现出虚实相济的艺术形象。

海宁汉画像石把形象化成流畅洒脱的线条,在画面上又着意于线条的流动。这样形成的线条并不是形象本身所固有的线条,而是画工石匠对意境的构思,所表现的一种有节奏的形体关系。海宁汉画像石中不少画像的线条是画工石匠凭空加上去的,而恰到好处地表现了形象。流畅洒脱的线条所塑造的形象都带有吴越水性文化的清澈之感。对形体修长的朱雀画像,以流畅的线条勾画出形象范围,然后对于翅和尾部,以洒脱的线条进行排列表现,使朱雀呈现飘飘欲飞的感觉。灵芝草等祥瑞画像用线极其流畅、清新,显现出旺盛的生命力。前室南壁门楣画像,上部图面表现轺车、轩车、斧车、辎车、棚车及马夫、人物等画像。(参见图32、图33)为表现长幅画面的画像气氛,采用的线条顺畅通达,没有停滞曲折之感。为了加强其流畅洒脱的艺术感染力,下部图面用流畅的连续曲线表现卷云间鸟兽纹图案,更好地烘托了门楣画像所要表达的升天思想。(参见图34)

线条表现出极强的生命力。李泽厚先生指出:"线条和色彩是造型艺术中的两大因素。比起来,色彩是更原始的审美形式,这是由于对色彩的感受有动物性的自然反映作为直接基础。线条

---

① 《论语》。

图 32　海宁汉画像石墓前室南壁南一画像（照片局部）

图 33　海宁汉画像石墓前室南壁南一画像（拓本局部）

（拓本来源同图 15）

图 34　海宁汉画像石墓前室南壁南二画像（照片局部）

则不然，对它的感受、领会、掌握要间接和困难得多，它需要更多的观念、想象和理解的成分和能力。"① 线条刻入石面内，长

---

① 李泽厚：《美的历程》，文物出版社 1981 年版，第 27 页。

久得到保存。在线条的表现过程中，人类认识自然从形到线，逐渐在劳动与生活中形成。这样，"线条不只是诉诸感觉，不只是对比较固定的客观事物的直观再现，而是常常可以象征主观情感的运动形式"。① 对线条的理论总结，已经在先秦的重要典籍《易经》的不同篇章里进行了。在《周易·上经》"贲第十二"中说："白贲，无咎。"贲表示要装饰，要用线条去勾勒形象。白贲，不要用绚烂的色彩，而要表现素净的美。海宁汉画像石继承中国传统的刻饰方法，产生了极其丰富的线条，凸显了刚扬凝重、虚实含蓄、流畅洒脱的艺术特性，表现出线条世界的艺术魅力，是汉画像石发展成熟期线条表现的典范，具有承上启下的作用。宗白华先生指出："东晋顾恺之的画全从汉代脱胎，以线纹流动之美（如春蚕吐丝）组织人物衣褶，构成全幅生动画面。"②

海宁汉画像石线条表现既是汉代石刻的一个总结，同时也对两晋、南北朝绘画与雕刻产生影响。

4. 画面式样

在造型艺术中"画面"这个词汇经常使用，对所表现的主题内容、空间范围进行构成处理，具有平面表现的程式感，可以称为画面。汉代以前对画面的认识是模糊的，汉画像石对画面的认识与表现开始清晰起来。由于汉画像石是建筑构件，这些构建大小不一，具有体量多变的特点，形成众多富于变化的画面。在设计构思过程中，汉画像石的每个画面按照视觉特点，根据石材的大小宽窄决定幅度。有时也将较大的石材分割成若干小的画面，每个画面有明确的主题内容，有相应的情节关联，有对纵深的平面表现。海宁汉画像石比较明显的具有画面特点。

---

① 李泽厚：《美的历程》，文物出版社 1981 年版，第 28 页。
② 宗白华：《美学散步》，上海人民出版社 1981 年版，第 103 页。

在前室四壁，以横贯墓室的门楣横幅画像与门柱两侧的蟠龙柱画像，形成了四壁的整体画面形式。以北壁为例，门楣是两列横向展开的神灵画像，门楣下部两侧的三组画像亦横向展开。两个蟠龙柱画像的竖向构成线。东侧下部的卷云纹画像，望窗透雕与两侧下部的柱斗雕刻，其造型都呈现向上的作用力，亦呈现竖向构成线，整体画面显示的是几条竖向构成线。横向与竖向构成线平衡了画面的作用力，使北壁画面具有稳定性，呈现整体画面的构成美感。

另一种画面形式比较随意与自由，它往往一石一个画面，一石多个画面或一个画面多石，每一个画面都具有主题内容，构成处理、平面表现的特点。该墓墓门分别由两块门扉组成，根据墓门特点，一门一画，雕饰相对应的两只朱雀、铺首衔环与群蛇画像，形成一石一个画面的格局。南壁两侧门柱是两块完整的画像石，正面分别雕饰了三组与四组画像，侧面则分别雕饰了蟠龙柱画像，形成一石多个画面的画像格局。门楣上的车舆、马厩画像，表现了准备出行的各种车舆及马匹形象，西侧其下又表现车骑出行的场景，所以用了五块画像石表现了这幅大场面的画像，形成多石一个画面的画像格局。

海宁汉画像石的画面均有主题情节，东壁、北壁、西壁的门楣可以连成一个完整的画面，（参见图35）画像中的神兽、瑞禽、祥草、吉物之间都有某种联系。东壁与北壁是靠人物的相继出现、北壁与西壁是以神兽的排列有序而联系的。东壁至北壁的连接处人物画像漫漶不清，但从清楚的地方可以看出是人物的情节活动，人物是朝向北壁的，而北壁东端是一执幢举剑骑士向画像中部驰去，起到情节的关联作用。北壁最西端是白虎与向西的青龙相向而立，中间是嘉禾。而与之连接的西壁是面向画像中部的比肩兽，比肩兽及前面的马、兔、龟、燕子等神兽瑞禽形象都向画像中部运动。这样白虎与青龙呈稳定形式，

图 35　海宁汉画像石墓前室东壁东五东六东七画像（拓本）

（拓本来源同图 15）

而比肩兽与其他兽禽以稳定形式为依靠向画像中部运动，使北、西二壁画像密切结合。另外，在东、北、西三壁的祥瑞画像中产生出许多主题情节，西壁表现有青龙与白兔相对于嘉莲的情节，有趣的是青龙尾部着尾荡耍的似猴动物给此组画面增添了浪漫主题，而这类情节在其他地方汉画像石中不为多见。武梁祠的这类祥瑞画像较为工整，在其屋顶画像石上"……瑞祥征兆图像被雕刻成行，每幅画像的榜题既指明了该征兆的名称，也叙述了其出现的条件"。① 这些祥瑞画像都是单独出现的，没有主题情节联系。人物画像的主题情节海宁汉画像石也是生动的，在前室至后室壁面的四幅画像中，为了能使墓室主人灵魂顺利离开地下，选择了相互关联的四个主题情节：添加灯油，做好准备工作；举烛向后室，照亮墓室的地下世界；持镜照魔，驱走阴间鬼魅；双手恭候，迎接墓室主人灵魂。以完整的主题情节，表现墓室主人灵魂离开墓室的过程。

　　海宁汉画像石的画面由不同的画幅组成，画幅的位置与画像内容决定其形式变化。门楣画幅是横向发展的，它的长度等同于

---

① 巫鸿：《武梁祠·中国古代画像艺术的思想性》，生活·读书·新知三联书店 2006 年版，第 254 页。

壁面，而高度仅为门楣的 1/2。这就形成了南壁、东壁、北壁、西壁的 4 个横长画幅。门柱画像是竖向伸展的，它依据门柱立面的大小，形成了 8 个竖高画幅。门楣、门柱是海宁汉画像石墓四壁的主要建筑构件，画像形式与内容也有着重要的作用与意义，所形成的横长与竖高画幅尺度多变，呈现出丰富的视觉形式。前室四壁的八个门柱的蟠龙柱画像，因画幅的不同尺度使画面产生形式感。为了在对比中求得和谐，四壁其余地方多呈横置长方形画幅的不同尺度变化。形成了海宁汉画像石墓的画幅式样：横长幅，画面以横长展开，形成的画幅较长。画像以横向分组形式排列；竖高幅，画面以竖高升起，画幅成竖高条状。画像多显示竖向形式，出现在门柱上为多；长方形幅，画面呈横长或竖高的长方形变化，长宽尺度相差不是太大，有的接近正方形，但具有丰富的变化，形成了多种尺度大小的幅面，画像较为注意构成与呼应关系；组合幅，画面由多个长方形幅画像组成，周围或中间以规矩的图案组合装饰，整体表达一个完整的画像内容。海宁汉画像石是中国画面形成的一个早期阶段表现。其画面式样的多变性，对后代艺术表现的画面形成起到潜移默化的作用。

二　德清汉画像石

（一）凤凰山汉画像石墓

凤凰山汉画像石墓①位于德清县凤凰山城墙西北角，发掘于 1963 年 11 月，当时发现平行的两座墓，均坐西向东，南北相距约五六米。南边一座编号为 M1，北边一座编号为 M2。两座墓均为

---

① 浙江省文物管理委员会：《浙江省德清县凤凰山画像石墓发掘简报》，浙江省考古研究所编：《浙江省文物考古研究所学刊》第 7 辑，杭州出版社 2005 年版。

砖室石门墓，采用的材料以及建筑风格一致。兹以 M1 为例。

M1 由甬道、石门、墓室组成。全长约 9.7 米。甬道长 2.7 米，石门外的甬道长 1.3 米，石门内的甬道长约 1 米。石门由 6 块石头砌成，高 1.18 米，宽 1.3 米。门楣长约 1.82 米，宽约 0.48 米，厚约 0.3 米。左右门框有两柱石。南边一扇石门上角已残，疑为盗墓者所为。

墓室长约 6.6 米，宽 2.8 米。

这座墓的图像集中于石墓门，不像北方较大汉墓中的图像自墓门前堂后室连续不断，也不像海宁汉墓图像布满前室四壁，但它的画面内容却很丰富。门楣、门框、门扇皆刻画像。

门楣正面，右为太阳，中有阳乌。左为月亮，中有蟾蜍，上有玉兔。门框右边刻拥彗人物，俯首向门而立，恭谨有礼。侧面刻一矫健凶猛的青龙。龙张牙舞爪，蜿蜒奔腾，边框饰以流水波浪纹饰。青龙似飞奔游移于波涛云天之中，动感极强。左边门框亦刻一人，与右边门框之人姿势相呼应，有胡须，似为一年长者。侧面刻一白虎，边亦有流水波浪装饰纹。

两扇门扉的画像相同，上为朱雀，一足立于铺首衔环之上。铺首衔环以下画像不清，以汉代四神排列的规律，下边应当是玄武。

M2 的石墓门的门楣已佚，两门扇已残缺不全，但两门框相向而立的门吏和两侧面的左青龙右白虎，和 M1 完全一致，而且龙虎形象较 M1 更清楚完整。

德清凤凰山画像石墓虽因被盗而器物破坏严重，但从墓中遗留下来的随葬品如石雕、玉器、铜器、银器、陶器、铁器，可以看出墓主人身份较高，这两座墓葬的意义在于：

1. 石刻画像内容丰富

画像集中于石门，但日月俱备、龙虎镇守、侍者恭如，选天上人间代表性图像。展于一石，简洁明快而寓意深厚。

2. 砖的形制、花纹、文字独具风格

M1 为石墓门将甬道分为两段。甬道的一侧以长方砖砌成，刻有"万岁不败"的文字。券顶处由扇形砖砌成圆拱顶券门。由"不"字和两种花纹。2005 年，杭州至上海段公路修建中，曾发现汉砖墓，砖上皆为"万岁"文字。汉代瓦当或砖纹上以"长乐未央"、"常宜富贵"的文字为多，德清汉墓为"万岁不败"与"不"的文字，以及海宁画像石墓砖纹的"天"字，与中原地区的汉砖纹异曲同工，但用语显然有其风格。据学者研究，除龙首形方纹花砖与汉代吴兴郡其他古砖花纹相同外，大多数花纹为德清汉画像石墓所独见。

3. 完整的榻案石雕构件

两座墓中出土石件遗存 11 件，均为石灰岩石料制成。M1 有 7 件，其中石榻 1 件，石案 1 件，石屏风 2 件，石狮 2 只，M2 有石榻 2 件。还有石槽座等。

石榻长 1.44 米，宽 0.8 米，高约 0.2 米。石屏紧靠榻，石狮则置于榻边屏下。石狮仰首昂视，形象异常生动，这种石榻、石案、石屏风、石狮的组合方式，在汉墓中是极其罕见的。

榻案在汉代比较普遍，屏风则为宫廷或贵族所使用。

屏风是汉代宫廷与王公贵族家中的常备之具。其作用一则避风，二则起隔断作用，"屏风，言可以屏障风也"。① 东汉李尤《屏风铭》曰："舍则潜避，用则施张。立必端直，处必廉方。雍风邪，雾露是抗。奉上蔽下，不失其常。"汉代宫廷中的"七宝床"与帐、屏风是配套使用的，屏风用于遮蔽床。西汉后期，御史大夫陈万年教诲其子陈咸"于床下，语至夜半，咸睡，头触屏风"②，可见屏风距床

---

① 《释名·释宫室》。
② 《汉书·陈万年传》。

很近。

　　榻常用于厅堂和卧室。《释名·释床帐》谓："长狭而卑曰榻，言其榻然近地也。小者独坐，主人无二，独所坐也。"《通俗文》："床三尺五曰榻，板独坐曰枰。"榻比较灵活，长榻可以躺卧。《风俗通义·愆礼》载：邓子敬礼让年长三岁的张伯大，使"伯卧床上，敬寝下小榻"。应为卧室中的床和榻。河北望都二号汉墓中室出土的石榻长 1.6 米，宽 1 米。榻前置一石案，长 1.75 米，宽0.5 米。石榻较常见的榻要大，从石榻所在的位置及其与案配套的情形看，似介于床与榻之间；望都二号汉墓为大型多室墓，建于东汉灵帝光和五年（公元 182 年）。前后五重墓室沿中轴线依次排列。前两室似为庭院，后两室为寝室，中室则应为主人休憩会客之所。石榻、石案位于中室之西北隅，榻较一般的床要短，较榻为长，正符合其休闲之需。通常所用的坐榻比较低矮。

　　木榻适宜人坐，东汉末年人管宁曾使用一只木榻五十余年。（《太平御览》卷 907 引《高士传》）陈蕃为乐安太守，礼遇高士周谬，"在郡不接宾客，唯谬来，特设一榻，去则悬之"。[1] 应为木榻。

　　作为冥器，汉墓中的石榻，应为现实生活中木榻的替代物。1958年河南郸城县竹凯店汉墓出土一件石榻明器，以青色石灰岩制作，上刻"汉故博士常山大傅王君坐榻"，据考证为西汉成帝以前的物品。石榻为长方形，长 0.875 米，宽 0.72 米，高 0.19 米。下部四角为方足，[2] 长度折合汉尺为 3.65 尺，与《通俗文》所述榻的尺度基本吻合。这大概是汉代常用坐榻的基本形制。"王君"看来对坐榻非常喜爱，特意刻字铭记。也许文人雅士埋首书案，更钟爱此物。汉画像石墓中的讲经图中，众弟子席地而坐，老师一人踞榻，执经而

---

　　①　《后汉书·陈蕃传》。
　　②　见曹桂岑《河南郸城发现汉代石坐榻》，《考古》1965 年第 5 期。

讲。此处坐榻是一种身份的体现。辽阳三道壕汉墓壁画，帷帐之下，女主人悠闲自得坐在榻上，坐榻两旁有女仆侍奉。

　　德清凤凰山画像石墓的石榻、石案、石屏风、石狮的组合，寄予的应是墓主人及其子孙期盼富贵永驻如金石，灵魂不朽如日月的心愿。石屏上刻画的众多人物飘逸潇洒，行走如飞，表现的是天人合一的祥和人仙之间的融洽。（参见图36）

图36　德清凤凰山汉画像石墓画像（拓本）

浙江省文物管理委员会：《浙江省德清县凤凰山画像石墓发掘简报》，《浙江省文物考古研究所学刊》（第7辑），杭州出版社2005年版。

（二）秋山汉画像石墓

　　德清县秋山汉画像石墓①发掘于1974年，该墓位于德清县城西

---

　　①　浙江省博物馆：《浙江省德清县秋山画像石墓的发掘》，浙江省考古研究所编：《浙江省文物考古研究所学刊》第7辑，杭州出版社2005年版。

13 里的秋山南坡，偏东处的山腰上。这应当是一处精心选择的墓址。

该墓为石门券顶砖石墓，形状为"凸"字形，由甬道、石门、墓室组成。甬道长 6.44 米，宽 3 米。墓室北半部有棺床。此墓亦已被盗。

石门两扇，有石门楣、石柱，石柱刻有花纹，纹饰已很模糊。东刻似为龙，西刻为凤。

该墓发现一大一小两个铜印：大印高 3 厘米，宽 2 厘米，下为方形，上为龟钮，铸有"邹灵私印"四个字。小印高 0.7 厘米，边宽 1 厘米，印上的四个字已看不清楚。（参见图 37）

图 37 德清秋山汉画像石墓画像（拓本）

浙江省文物管理委员会：《浙江省德清县秋山画像石墓的发掘》，
《浙江省文物考古研究所学刊》（第 7 辑），杭州出版社 2005 年版。

第三章

铜　　镜

　　汉代铜镜作为青铜器中富有代表意义的种类，为我们提供了异常丰富的图像资料。目前发现最早的铜镜是黄河上游"齐家文化"时期古墓出土的，① 距今已有四千多年。商代铸造青铜器的水平已经达到了很高的程度，但由于社会原因，主要用于礼乐器具和兵器的铸造，所以商周铜镜出土很少，只是1934年在河南安阳妇好墓中发现了商代铜镜，② 但并不精致。铜镜的成熟期约在战国时期，战国的铜镜多见于江淮流域，而尤以安徽、湖南出土最多。两汉是继战国之后的又一个铜镜繁荣期，从全国各地出土的铜镜资料看，东汉早期以后浙江省逐渐成为了当时全国的制镜中心。

一　分　布

（一）绍兴铜镜

　　东汉时期，地处江南地区的会稽郡由于各方面的有利条件，

　　① 见青海省文物管理处考古队《青海省文物考古工作三十年》，《文物考古工作三十年》，文物出版社1979年版。李虎候：《齐家文化铜镜的非破坏性鉴定》，《考古》1980年第4期。甘肃省博物馆：《甘肃省文物考古工作三十年》，《文物考古工作三十年》，文物出版社1979年版。

　　② 见高去寻《殷代一面铜镜及其相关之问题》，《历史语言研究所集刊》（29）下，1958年版，第685页。

逐渐人烟繁盛，聚集了很多豪强大族。绍兴是当时的山阴县，东汉以后成为会稽郡的治所。绍兴出土的神兽镜和画像镜，数量之多，远非其他地区所能相比。

据不完全统计，在绍兴、上虞、诸暨、嵊州[①]等地出土了大量内容丰富、铸造精美的规矩镜、神兽镜、画像镜等，《绍兴古镜聚英》序言中曾提到绍兴某地出土画像镜竟多达 300 面以上，[②] 由此可见，汉代时期浙江省的青铜铸造业已经发展到了一个极高的水平。这些内容丰富的铜镜实物，为我们研究汉代社会的思想、文化提供了最直接而又准确的文物资料。

（二）其他地方铜镜

近些年，随着城市化进程的加快，浙江省抢救性发掘了大量汉墓，出土了一些汉代铜镜，除去绍兴地区典型的神兽镜和画像镜之外，衢州、慈溪、温州、安吉、宁波、杭州等地出土了大量日光镜、昭明镜、规矩镜、神兽镜等，达几百件之多[③]（详见附表）。铜镜的题材和表现内容，与同一时期的画像石、画像砖风

---

① 　本文按照现行的绍兴行政区划，绍兴市包括：越城区、上虞市、诸暨市、绍兴县、嵊州市、新昌县。

② 　见［日］梅原末治《绍兴古镜聚英》，京都桑名文星堂 1939 年版。

③ 　见汪大铁《浙江嘉兴发现东汉墓葬》，《文物参考资料》1955 年第 10 期。

赵人俊《宁波地区发掘的古墓葬和古文化遗址》，《文物参考资料》1956 年第 4 期。

浙江省文物管理委员会《杭州古荡汉代朱乐昌墓清理简报》，《考古》1959 年第 3 期。

朱士生《浙江龙游县发现汉代铜镜》，《考古》1993 年第 3 期。

朱士生《浙江龙游县东华山汉墓》，《考古》1993 年第 4 期。

浙江省文物考古研究所、上虞县文物管理所《浙江上虞凤凰山古墓葬发掘报告》，《浙江省文物考古研究所学刊》，科学出版社 1993 年版。

浙江省博物馆《浙江上虞县蒿坝汉墓发掘简报》，《浙江省文物考古研究所学刊》第 7 辑，杭州出版社 2005 年版。

安吉县博物馆《安吉文物精华》，文物出版社 2003 年版。

浙江省文物考古研究所《浙江杭州市老和山汉墓发掘报告》，《浙江省文物考古研究所学刊》第 7 辑，杭州出版社 2005 年版。

格相近，"在画像石、画像砖出土不多的浙江，铜镜可以为我们补绘出汉代生活风貌的一个重要方面"。①

二 绍兴铜镜

（一）地域特点

绍兴古称会稽，春秋战国时为越国都城，秦统一中国以后，设会稽郡，郡治为吴（今江苏苏州）。绍兴当时只不过是全郡 26 个县当中的山阴县。秦在建郡的同时，也采取了移民的措施，将本地大量居民移至钱塘江以北的乌程、余杭、歙等地，致使山阴县居民稀少，生产处于停滞状态，经济萧条落后，这种状态一直持续到西汉，可见，绍兴在汉代初期是贫瘠落后的地区。《史记·货殖列传》记载："楚越之地，地广人稀，饭稻羹鱼，或火耕而水耨，果隋蠃蛤，不待贾而足，地势饶食，无饥馑之患，以故呰窳偷生，无积聚而多贫，是故江淮以南，无冻饿之人，亦无千金之家。"② 汉之初，统治者加强了对江南的统治，虽然有时是强制性质的，但从客观的角度讲也加强了中原与越地的联系，加快了与东南民族的融合步伐。中原人口南迁的同时，也把先进的生产技术、生产工具带到了浙江地区，对当地的经济文化发展产生了深远的影响。东汉时，吴郡和会稽郡实现了分治，会稽郡的郡治改设在山阴，吴郡和会稽郡的分治本身就是当地生产力有所发展的反映。

经济发展的程度决定了会稽手工业的发展，这也是绍兴出土铜镜多为东汉中后期的主要原因所在，除此之外还有着其他原因。

---

① 陈野：《浙江绘画史》，杭州出版社 2005 年版，第 42—43 页。
② 《史记·货殖列传》，中华书局点校本。

首先这里有着丰富的矿藏资源，吴、会稽、丹阳等郡交界的地区
是当时江南地区主要的铜、铁产区，生活在这里的山越"山出铜
铁，自铸甲兵"。[①]　见于历代方志记载的秦汉铜矿，在很多地方都
有分布，如德清县的水坞里矿井、前山冶炼厂遗址、绍兴的桃红
兵康铜矿，绍兴兰亭谢家桥大焦岭铅矿，上虞县东关银山坝铅矿，
诸暨铜岩山铜矿，都是古代开采过的。《越绝书》卷十一曾载，
"赤堇之山破而出锡，若耶之溪涸而出铜"。《嘉泰会稽志》并载
在县东五十里的锡山，越王曾采锡于此。[②]　其次，汉武帝元狩四
年，大量北方民众南迁，关东贫民迁徙陇西、北地、西河、上郡、
会稽凡七十二万五千口。贫民之外，也有大量的大族由于"天下
新定，道路未通，避乱江南者皆未还中土，会稽颇称多士"，以致
"民物殷阜，王公妃主，邸舍相望"。三国东吴时，会稽郡的虞、
魏、孔、贺四大望族，都占有大量的土地。人口的增加，促进了
江南经济的发展，使得铜镜的需要量大为增加。[③]　永和五年，会稽
郡太守马臻主持了鉴湖围堤工程，为当地农业生产的发展提供了
有利条件。[④]　人口快速增加，经济飞速发展，这些都为东汉时期绍
兴成为全国主要铸镜中心奠定了基础。再者，春秋战国时期会稽
郡属越国，越国以铸剑闻名于世。齐时号称"中国绝手"的炼钢
能手谢平就是上虞人。南朝著名的制造兵器的冶所，设在会稽所
属的剡县三白山，也就是现在的嵊州。这说明会稽地区具有冶炼
的传统技术，具备了制造铜镜的先决条件。[⑤]

---

①　（晋）陈寿撰，（宋）裴松之注：《三国志》卷六十四。

②　见王士伦《浙江出土铜镜》，文物出版社 1987 年版，第 9 页。

③　同上。

④　陈桥驿：《吴越文化论丛》，《历史时期绍兴城市的形成与发展》，中华书局
1999 年版，第 362 页。

⑤　见王士伦《浙江出土铜镜》，文物出版社 1987 年版，第 9—10 页。

图 38 西汉昭明镜（照片）

王士伦编著，王牧修订：《浙江出土铜镜》，文物出版社 2006 年版。

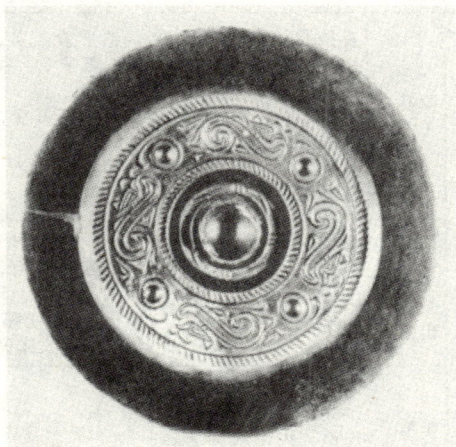

图 39 西汉四乳四螭镜（照片）

王士伦编著，王牧修订：《浙江出土铜镜》，文物出版社 2006 年版。

（二）出土概况

汉代浙江地区出土铜镜的数量之多，种类之全，图像之丰富，非常引人注目。1987年出版的《浙江出土铜镜》一书尽量收录了有纪年铭文或纪年墓出土的完整且具有代表性的汉代铜镜达一百多面，其中绍兴几乎占到1/2；前文提到梅原末治在其著作《绍兴古镜聚英》序言中说到绍兴某地出土画像镜多达300面以上。90年代以来，随着城市开发建设步伐的加快，浙江出土了一大批汉代铜镜，其中不乏绍兴地区的，由此可以想见汉代时会稽制镜业的发达程度。根据《浙江出土铜镜》一书的相关统计，现将绍兴出土的具有代表性的铜镜举例如下：

绍兴出土部分汉代铜镜

序号	年代	种类	出土地	特征	铭文	参见文献
1	东汉	规矩四神禽兽镜	嵊县出土	直径14.9厘米，半圆钮，钮座由九乳、重圈及凹形方格组成。内区饰八乳、规矩纹、四神和禽兽。外区饰弦纹，锯齿纹，双线波浪纹和连珠纹	周铭"食玉英，饮醴泉，驾蛟龙，乘浮云，周复始，传子孙，昭□□，直万金，象衣服，好可观，宜街人，心意欢，长□志，固常然"	《浙江出土铜镜》
2	东汉	车马神仙画像镜	1971年绍兴县娄宫出土	直径21.6厘米，圆锥形钮，连珠纹钮座	"驺氏作镜四夷服，多贺国家人民息，胡虏殄灭天下复，风雨时节五谷孰（熟），长保二亲（文未完）"	《浙江出土铜镜》
3	东汉	骑马龙虎画像镜	1975年绍兴县五星公社新建大队出土	直径18.3厘米，圆锥形钮，圆圈凹形方格钮座。内区纹饰为四组，分别为青龙、白虎、异兽、羽人骑马。外区饰画文带，三角缘		《浙江出土铜镜》

续表

序号	年代	种类	出土地	特征	铭文	参见文献
4	东汉	建安十年重列神兽镜	绍兴县出土	直径 14.8 厘米，半圆钮大而扁，直径 4.8 厘米，高 0.6 厘米。连珠纹钮座	"吾作明镜，幽□宫商，周罗容象，五帝天皇，白牙弹琴，黄帝除凶，朱鸟玄武，白虎、青龙，服者豪贵，延年益寿，子孙番。建安十年造"	《浙江出土铜镜》
5	东汉	规矩禽兽纹镜	绍兴县出土	直径 16 厘米，半圆钮。三线方格钮座，内饰八乳，间以"长宜子孙"四字	"汉有善铜出丹阳，取之为镜清且明，左龙右虎备四旁，朱爵（雀）玄武顺阴阳，八子（文末完）"	《浙江出土铜镜》
6	东汉	八乳规矩镜	1979年绍兴县上蒋凤凰山出土	直径 14.5 厘米，半圆钮，直径 2 厘米，高 0.7 厘米	"漆言之纪从镜始，长葆二亲利孙子，辟去不羊宜古市，寿如金石□王母，乐乃始"	《浙江出土铜镜》
7	东汉	吴王、伍子胥画像镜	传绍兴县出土	直径 20.5 厘米，半圆钮，连珠纹钮座	"驺氏作镜四夷服，多贺国家人民息，胡虏殄灭天下复，风雨时节五谷熟，长保二亲得天力，传告后世乐无极"	《浙江出土铜镜》
8	东汉	杂技舞蹈画像镜	绍兴县出土	直径 20.8 厘米，半圆钮，草节纹圈钮座，内区四分法，每组间一乳纹		《浙江出土铜镜》
9	东汉	西王母舞蹈画像镜	绍兴县出土	半圆钮，直径 22 厘米，内区纹饰作四分法	"田氏作四服，多贺国家人民息，胡虏殄灭天下复，风雨时节五谷熟，长保二亲得天力，传告后世乐无极"（铭文有脱漏）	《浙江出土铜镜》

续表

序号	年代	种类	出土地	特征	铭文	参见文献
10	东汉	龙虎神仙画像镜	绍兴县出土	直径 18.6 厘米，半圆钮，连珠纹及双线方格纹钮座。内区作四分法布置，外区锯齿纹两周，弦纹一周，其内为栉齿纹，斜缘		《浙江出土铜镜》
11	东汉	龙虎骑马画像镜	绍兴县夏历公社墅坞大队出土	直径 17.8 厘米，圆锥形钮，内区以四乳分隔成四区，分别饰有龙、虎、辟邪、羽人骑马，外区为流云纹画纹带，近似三角缘		《浙江出土铜镜》
12	东汉	羽人四兽画像镜	绍兴县出土	直径 21.9 厘米，兽背上骑有羽人，外区为兽纹画文带，三角缘		《浙江出土铜镜》
13	东汉	半圆方枚神兽镜	1973年绍兴县上游公社出土	直径 11.6 厘米，小圆钮，神兽作环状布置，有圆轮八，方枚十二	方枚每枚两字"吾作明镜，幽□三商，长宜子孙"周铭"吴郡胡阳□元……天自□于众造为明……萌四时永别水□□王天和亲富贵番昌，百精并存，其师命长"	《浙江出土铜镜》

（三）分类特征

汉代是铜镜的兴盛时期，根据绍兴出土铜镜的资料记载，西汉时期多为昭明镜、日光镜、四乳四螭镜，东汉时期铜镜的种类发生了很大变化，其中最有特色的就是画像镜和神兽镜，而画像镜又分为神仙车马画像镜和历史故事画像镜。从考古出土情形看，绍兴东汉墓葬中出土的神仙车马画像镜较多，表明这种铜镜东汉时在会稽郡非常流行。车马画像镜纹饰一般多作四分法布置，其中两组为车马，车后拖着长帛，另外两组为神仙，旁边多立有侍者和羽人。画像镜中的车马形象非常生动，前面拉车的骏马匹数不等，矫健有力，

"或昂首飞驰，或回头嘶鸣，'并驾齐驱，而一毂统辐'。车子的顶棚大致分为两种：一是卷棚式，下部平坦，一是四坡顶，翼角起翘。车厢两侧开窗。有的车前挂帘幕，车厢后下部飘曳长帛"。① 从图像看，这种马车的造型与山东、河南、四川等地出土的画像石、砖上的造型明显不同，而与海宁长安镇汉画像石墓中南壁马厩图中的马车十分相似，从这个角度说明了车马神仙画像镜与海宁汉墓同样具有鲜明的地方特征。（参见图40、图41）

图40　东汉神仙车马画像镜①（照片）

王士伦编著，王牧修订：《浙江出土铜镜》，文物出版社2006年版。

　　神仙画像镜在画像镜中数量最多，多为西王母画像镜，有些镜上铸有"西王母"题榜，有些没有。西王母画像镜出现在东汉中期和后期，可分为三种：一是西王母车马画像镜；二是西王

---

① 王士伦：《浙江出土铜镜》，文物出版社1987年版，第11—12页。

图 41　东汉神仙车马画像镜②（照片）

王士伦编著，王牧修订：《浙江出土铜镜》，文物出版社 2006 年版。

母群仙画像镜，三是西王母瑞兽画像镜。① 这类画像镜基本上形成了相对固定的图像模式：主要部分的图像采用四分法，其中两组为东王公、西王母相对而坐，另两组分别为车马或者龙虎、群仙；东王公、西王母身边多出现侍者或是羽人相待，玉兔持便面，羽人配置复杂多变，有弯腰或者直立拱手面向西王母的，有起舞、倒立玩耍的，有多个侍者并立的。东王公、西王母构图都非常简约，以线勾勒出人物及衣冠轮廓，尽显浑圆、流畅的神韵。有些主神的衣服还以复线勾出，显示身姿挺拔修长，棱角分明而又圆润得体。还有一类西王母画像镜比较少见，图像一组为西王母站立，右手执巾，伸展双臂翩然起舞，衣服随风摆动，酷似一善舞的人间妙龄女子，两侧有仙鹤神鸟伴舞，一组为四马驾

---

① 见王士伦《浙江出土铜镜》，文物出版社 1987 年版，第 10 页。

车，东王公仍与西王母夹钮对置，两侧一侍者一羽人相伴。镜上有题榜，但误作"东王母"。西王母歌舞画像镜在山东也有出土，他们所描绘的歌舞场面更加热闹。①

西王母是古代传说中的人物，《淮南子·览冥训》中有："羿请不死之药于西王母，姮娥窃以奔月"的记载，于是民间将她当作长生不老的象征。汉代社会普遍信仰西王母，民间祭祀活动十分活跃，作为一位神秘的西方大神有时会因讹传之故而闹得满城风雨。据《汉书·哀帝纪》记载，建平四年春，"关东民传行西王母筹，经历郡国，西入关至京师。民又会聚祠西王母，或夜持火上屋，击鼓号呼相惊恐"。由此可见西王母在当时民间影响是如何深广。西王母作为神话人物（在汉代文献中也有认为西王母为地名的）的记载在《山海经》中有三处：（1）"又西三百五十里，曰玉山，是西王母所居也。西王母，其状如人，豹尾虎齿而善啸，蓬发戴胜，是司天之厉及五残。"（2）"西王母梯几而戴胜杖，其南有三青鸟，为西王母取食，在昆仑虚北。"（3）"西海之南，流沙之滨，赤水之后，黑水之前，有大山，名曰昆仑之丘。有神——人面虎身，有文有尾，皆白——处之。其下有弱水之渊环之，其外有炎火之山，报物辄然。有人，戴胜，虎齿，有豹尾，穴处，名曰西王母。此山万物尽有。"此外，《大荒西经》中对三青鸟有特别的说明："有三青鸟，赤首黑目，一名曰大，一名曰少，一名曰青鸟。"《山海经》叙述的这位大神是带有一点荒蛮的野性意味的：她住在洞穴中，头发蓬乱插戴"胜"，嘴里长的是虎牙，身后拖着一根豹尾巴，善于发出阵阵啸声。就是这样一位面目狰狞的神仙，到了东汉时期成为人们心目中长生不老的象征，

---

① 见程明《山东邹城发现两件汉代铜镜》，《文物》1996年第4期，第87页。孔祥星、刘一曼《中国铜镜图典》，文物出版社1994年版，第455页。

她能保佑人们长寿、富贵，永享人间的幸福生活。西王母画像镜充满了欢乐而神秘的气氛，人们对自己所创造的幸福之仙的憧憬和不懈追求在艺术幻想中得到完美体现。

汉代铜镜中西王母形象取跪坐姿势较多，与之相对的都是一位东王公。关于东王公的传说，文献最早出处是魏晋南北朝人伪托东方朔的《神异经》"东荒经"："东荒山中有大石室，东王公居焉。长一丈，头发皓白，人形鸟面而虎尾，载一黑熊，左右顾望。"据说他最喜欢和玉女做投壶的游戏，除此之外，并无什么可供其驱使的神兽灵禽，他的神仙生活内容远不及西王母那么丰富。不知汉代民间确曾流行过东王公神仙，还是为了配合西王母的存在而塑造出来的，总之，汉代承认有东王公，但事迹却很少，故而在汉画像石（砖）上出现的频率也不大。（参见图42）

图 42　东汉西王母舞蹈画像镜（照片）

王士伦编著，王牧修订：《浙江出土铜镜》，文物出版社 2006 年版。

　　历史故事画像镜，主要描写伍子胥被赐剑自刎的故事。春秋战国吴越争霸，越王勾践卧薪尝胆，雪耻复仇，同时将美女西施、郑旦献给吴王夫差和吴太宰，"以惑其心，而乱其谋"。伍子胥向吴王直言进谏，吴王不听，并"以申胥不忠而杀之"。伍子胥画像镜把这样一个故事清楚地表现出来：画面分成四区，每幅内容相互连贯，集中刻画了伍子胥忠直敢谏、谏而不从，最后被吴王赐剑自杀的情景。一组为伍子胥举剑自刎，榜题："忠臣伍子胥"，一组立两人，榜题："越王""范蠡"，一组是二女及宝器，榜题"越王二女"，另一人题曰"吴王"。周铭"骀氏作镜四夷服，多贺国家人民息，胡虏殄灭天下复，风雨时节五谷熟，长保二亲得天力，传告后世乐无极"。（参见图43）

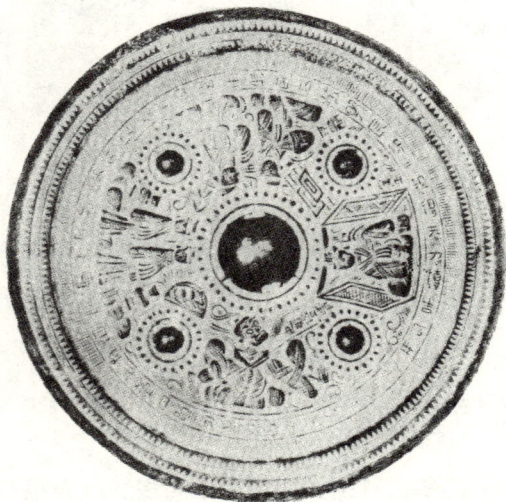

图43　东汉吴王、伍子胥画像镜（照片）

王士伦编著，王牧修订：《浙江出土铜镜》，文物出版社2006年版。

上虞出土了一面东汉屋舍画像镜，直径 21.3 厘米，内区以四乳分为四组，对称布局。镜钮外有四组纹饰，一组为屋舍和青龙，屋舍为重檐楼房，中间竖立一根柱子，楼上前沿处有栏杆，屋前铺设曲道，路边一兽作奔驰状；一组为人物和屋舍，一组为神人，两旁有侍者；一组为神人对坐屋檐下，作交谈状。外区饰锯齿纹两周，内侧为栉齿纹，斜缘。这是迄今为止所见的唯一一面刻有屋舍的画像镜，十分难得。（参见图 44）

图 44　东汉屋舍人物画像镜（照片）

王士伦编著，王牧修订：《浙江出土铜镜》，文物出版社 2006 年版。

神兽镜中纪年镜特别多，种类也颇多，分布很广，从其铭文来看，主要产地可能是以会稽山为中心的吴地。神兽镜的纹饰题材基本是反映道家神仙思想的，但是秦汉以前盛行的四灵"青龙白虎朱雀玄武"继续存在。铭文中常有"左龙右虎辟不祥，朱雀玄武顺阴阳"的句子，且神兽镜上的四神是按方位来排列的，上面的天皇和五帝占据了重要位置，和天人感应学说相适应，神与星合为一体，于是镜铭上出现了"上应列宿，下辟不祥"的句子，神兽也按照各自所代表的星宿方位进行排列，形成了重列神兽镜的特殊布局形式。（参见图45）

图45 东汉建安十年重列神兽镜（照片）

王士伦编著，王牧修订：《浙江出土铜镜》，文物出版社2006年版。

三 其他地区铜镜

（一）出土概况

汉代会稽郡成为全国的制镜中心，受其影响周围地区也发现了大量汉代铜镜。龙游、慈溪、衢州、温岭、杭州、宁波等地出土了大量日光镜、昭明镜、规矩镜、草叶镜、多乳镜等，反映了

当时人们对汉镜的喜好。浙江地区出土的汉镜为了解各类铜镜的流行时期、特征以及整个汉镜的风格提供了良好的条件。（详见附表）

（二）分类特征

神兽镜和画像镜在上文已详细介绍，不再赘述，这里介绍出土的其他种类的汉镜。

草叶纹镜：一般为圆钮，四叶纹钮座，外区有篆书铭文，框外四乳钉间以草叶纹，内向十六连弧纹缘。

规矩镜：一般为圆钮，凹形方格钮座，上饰乳纹一周。间以"子丑寅卯辰巳午未申酉戌亥"12 字，内区饰规矩、禽兽及乳纹。方格四边向外伸出一个双线的 T 形图形，与双线的 L 形图形相对，将镜子内区分为四区八等分，有的饰有青龙、白虎、朱雀、玄武，称为四神规矩镜，有的饰有飞禽、走兽，称为禽兽规矩镜。

星云镜：连峰式钮，连弧纹钮座，主题纹饰是在 4 个大乳钉纹之间排列众多的小乳钉，小乳钉又以各种线条相连，形成了象天文星座的图形，由于每组小乳钉的数量不等，又形成了五星纹、四乳七曜纹、九曜七星纹等。

昭明镜：一般为小圆钮，圆钮座。座外饰 8 个内向连弧和 2 周栉齿纹，栉齿纹间为铭文带。铭文多为"内清以昭明，光夫象日月"。

日光镜：小圆钮，窄平缘，镜面微弧，座外饰 8 个内向连弧和 2 周栉齿纹，栉齿纹间为铭文带。铭文多为"见日之光，天下大明"。

多乳禽兽镜：圆钮座，钮外环绕 5—9 个不等的乳钉，其外是面积不大的圈带，布置主题图案，再往外又是多层圈带，配置流云纹、三角锯齿纹及龙虎纹等。（参见图 46、图 47）

图 46　东汉八乳博局镜（照片）

王士伦编著，王牧修订：《浙江出土铜镜》，文物出版社 2006 年版。

图 47　汉有善铜博局镜（照片）

王士伦编著，王牧修订：《浙江出土铜镜》，文物出版社 2006 年版。

四 艺术风格

（一）纹饰布局

汉代铜镜举世闻名，是中国铜镜发展的鼎盛时期，它在许多方面奠定了中国铜镜发展的基础。时代的变化，赋予铜镜题材以新的内容，西汉中期，汉武帝"罢黜百家，独尊儒术"，铜镜的风格也在汉朝疆域范围内趋向统一，具有"汉式"风格的"草叶纹"、"星云纹"、"日光镜"、"昭明镜"、"规矩镜"几乎在各地区同时出现。汉镜的主题纹饰呈现视野开阔、情感强烈、大气磅礴之势，内容方面神仙世界、奇禽异兽异常丰富。规矩镜布局整齐严整，神秘莫测的 TLV 符号，怪诞神奇的纹饰以及吉祥庆祷的铭文，向我们预示着古人的宇宙观。四乳四虺镜构图流畅，在四乳间配置 4 条粗壮的 S 形虺纹，四乳禽兽镜或每区为一单个的奇禽异兽，或每区为两两组合，青龙、白虎、朱雀、玄武镇守四方，驱邪避恶。到东汉中后期，绍兴地区"神兽镜"、"画像镜"的出现又一次再现了其铜镜的独特风格。画像镜和神兽镜的艺术风格完全不同：画像镜以浅浮雕式的技法表现神人、车骑、歌舞、龙虎等，没有神兽镜的立体感强，纹样略成扁平状。纹饰布局采用四分法，钮座外的主要部位分成四区，每区之间隔以乳钉，花纹讲究对称。如西王母画像镜，西王母和东王公各为一组，是对称的，另两组是车马，也是对称的；伍子胥画像镜，伍子胥为一组，越王、范蠡为一组，两组对称，吴王和王女两人又各为一组，也是对称的。在进行四分法对称处理的同时，讲究突出主题，并且尽量照顾到各组之间的相互呼应，把整个故事情节在画面上连贯起来。如西王母、东王公趺坐一方，两侧陪衬矮小的侍者，用对比手法突出主题人物——西王母、东王公。神兽镜以浮雕式的手法表现主题纹样神人、龙虎禽兽等，纹样有些图案化，隆起凸出，立体化程度较高。纹饰的布局大致可分为求心式（即作环状布置）、对置式（即采用四分法）、同向式（即神兽作同一方向布置）和重列式（或称阶段式，即神兽排列成上下数重）等几类。求心式神兽镜是各个神像独立成为一个纹饰构成单位，多是四神四兽相间配置，神像仍是东王公、西王母等，神兽外也有半圆方枚带，外区为画纹带。对置式神兽镜主要特征是踞坐的两个神像夹钮头对头配置，每个神像两侧各置一向着神仙的兽，一神二兽形成了一个纹饰构成单位，其间配置了二神像和二神兽各一组。重列式神兽镜神像一般自上而下一段一段分层排列。神兽镜在构图方面，既注意到互相呼应，也注意到了各个神兽动态的协调和谐，在主要位置上安排主神，次要位置上则安排侍者或群仙，采用圆面浮雕技法，富有立体感和真实性。（参见图48、图49）

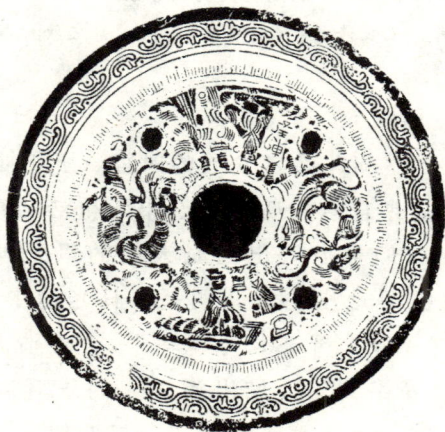

图48 东汉龙虎神仙画像镜（拓本）

王士伦编著，王牧修订：《浙江出土铜镜》，文物出版社2006年版。

图 49 东汉龙虎骑马画像镜（照片）

王士伦编著，王牧修订：《浙江出土铜镜》，文物出版社 2006 年版。

（二）铭文内容

西汉是汉代立朝和鼎盛发展的时期，此时期铜镜所反映的社会伦理风尚是自然、质朴、健康的生活情趣。从丰富的铜镜铭文中，我们可以看出当时人们的思想观念和审美追求。绍兴、龙游等地出土的昭明镜、日光镜中"见日之光，天下大明"、"见日之光，长乐未央"、"内清之以昭明，光之象夫日月"等铭文，都见出当时人们乐观向上的积极心态。安吉出土的一枚铜镜铭文为"愁思悲愿君忠君不悦相思愿毋绝"，这种对于爱的忠贞与哀怨，也成了当时铜镜所要表达的基本人文内涵。还有一些铭文表现了当时人的普遍想法，如"千秋万岁"、"与天相寿、与地齐长"、"延年益寿辟不祥"，表达了人们对生命永恒的祈盼，希望能够长生不老。但是，到了东汉中晚期，国势日益衰败，反映在铜镜中的社会现实也是明显的。人们对战乱纷飞的现实充满了恐慌和迷茫，不知动荡的社会将走向何方，他们只能将精神追求寄托在虚幻的神灵世界中。中国的道教，就在此时应运而生了。在《陈介棋藏镜》的东汉铜镜中，"四神镜"、"神禽镜"、"神兽镜"、"神人镜"占绝大部分，正是当时人们精神凄迷的一种曲折反映。浙江各地出土的东汉中晚期的铜镜铭文中"左龙右虎辟不祥，朱鸟玄武顺阴阳"、"尚方佳竟（镜）真大好，上有仙人不知老，徘徊名山采神草，渴饮玉泉饥（食）枣"比比皆是，表达了人们对仙人永恒自由生活的羡慕。

还有一个现象值得注意，就是铜镜铭文中体现出了东汉时会稽人心目中已经形成了"民族国家"的观念。如绍兴出土的吴王、伍子胥画像镜的铭文："驺氏作镜四夷服，多贺国家人民息，胡虏殄灭天下复，风雨时节五谷熟，长保二亲得天力，传告后世乐无极"，"吴向里柏氏作镜四夷服，多贺国家人民（息），胡虏殄灭天下复，风雨时节五谷熟，长保二亲得天力，传告后世乐无极兮"，绍兴上游公社和漓渚出土的半圆方枚神兽镜的铭文"吾作明镜，幽□宫商，周罗容象，五帝天皇，白牙弹琴，黄帝除凶，朱鸟玄武，白虎、青龙，服者豪贵，延年益寿，子孙番。建安十年造"，这些铭文充分体现了会稽人民心目中的大一统观念，正如葛兆光指出的："人们已经有了民族国家观念，文化和习俗意义上的共同体已经在人们心目中确立了。秦始皇统一中国是一个标志，《史记》对中国历史的记载和对疆域的确认也是一个标志，在铜镜中出现'国家'、'四夷'、'胡虏'字样更是一个标志，它们标志着中国人已经确认了中国、中国的近邻、中国的敌对力量，正因为如此，'汉'成了民族、国家的共同名称，成了人们相互认同的基础……他们才会在铜镜铭文中企盼自己的国家安定、强盛与繁荣。"[①]

（三）人物形象

绍兴出土的汉代画像镜中，表现历史故事题材的吴王、伍子胥画像镜是其他地区所没有的，尤其是画像中的人物形象塑造，更是具有浓郁的吴越文化特色。这类铜镜表现的故事就发生在春秋战国时期的吴国和越国，《越绝书》卷十二中有记载："越乃饰美女西施、郑旦，使大夫种献之于吴王，曰：'昔者，越王勾践窃有天下遗西施、郑旦，……'吴王大悦。申胥谏曰：'不可，王勿受。……'吴王不听，遂受其女，以申胥不忠而杀之。"[②] 铜镜上所反映的内容为文献记载提供了丰富而生动的图像资料，由此可见该故事在当时流传之普遍。其中颇为引人注目的是二女的形象，其旁有榜题"越王二女"，她们身材修长，举止稳重，根据文献记载应该就是越王献给吴王的美女西施和郑旦，在汉代其他艺术品中还没有如此典型明确的女性形象。汉画像石墓中出现的女性形象一般多为侍女或是墓室女主人，是类型化的人物形象，没有鲜明的个性，像铜镜中这样明确具体地塑造越女形象还是不多见的，对研究当时的历史具有非常珍贵的价值。（参见图50）

---

① 葛兆光：《七世纪前中国的知识、思想和信仰世界》，《中国思想史》第一卷，复旦大学出版社 2001 年版，第 225 页。

② 顾希佳：《西施的传说、史实及其他》，《民间文学论坛》1998 年第 1 期，第 35 页。

图 50　东汉吴王、伍子胥画像镜（拓本）
周世荣：《中国铜镜图案集》，上海书店 1995 年版。

五　造型特征

（一）古拙大气的浮雕造型

汉代铜镜的背面花纹图案，一般是刻铸出来的。西汉时期的草叶纹镜、蟠螭纹镜、日光镜、昭明镜多是以线条勾勒图案，东汉中后期开始大量出现的画像镜和神兽镜则是一种典型的块面效果，一改此前的平面化、线条感很强的造型风格特点，图案凸出隆起于镜背，形成一种浮雕装饰的效果，立体感很强。铜镜中的浮雕效果一般有两种形式，一种是非主题形象凸出，主题形象部分下凹，如绍兴出土的一枚骑马龙虎画像镜，就是非主题形象凸出成一种浮雕效果，而骑马之人、龙虎等形象都下凹，形成一种错落的效果，另一种则恰好相反。神兽镜中的龙虎，画像镜中的西王母、羽人、车马，伍子胥画像镜中的吴王、伍子胥等人物都是二维的团块结构，没有细节，也没有修饰，都是非常简单的一种粗轮廓的整体形象，按照结构提炼为方圆相间、富有节奏感的团块；尤其是人物形象，一般采取的是浅浮雕形式，同时和线描结合起来，构成了一种绘画式的浅浮雕。西王母、越女等女性形象表面的弧线依身体结构而行，尽显女性婀娜身姿，眼耳口鼻均在面庞上凸起，身着衣袍随体态高低起伏，结构分明，富有透视感。人物五官也采取细线勾形凸起的方法，服装衣褶上再用细线装点纹饰，自然流畅，造型准确。但就是在这种粗轮廓的形象中，却表现出了力量、运动以及由之形成的气势的美。如四乳蟠螭镜中蟠螭纹的缠绕流转、四神镜的屈曲徘徊、叠压有灵，车马神仙画像镜中矫健有力、昂首飞驰的骏马，车厢后下部飘曳舞动的长帛，龙虎画像镜中身姿活泼的动物，伍子胥的拔剑自刎都是通过轮廓造型展现出了运动和力量中的磅礴气势，也正是因为这种粗轮廓的写实，构成了铜镜纹饰中的古拙外貌，如同汉代画像石的雕刻一样，体现了汉代艺术蓬勃旺盛的生命力和整体性的力量和气势。（参见图 51）

（二）飞扬流畅的线条

汉代铜镜的图案造型虽然多是以浮雕的形式出现，但对物象的辨认完全还是依赖于线条，这就使得线条的准确性和表现力要

图 51　东汉神人神兽画像镜（照片）

王士伦编著，王牧修订：《浙江出土铜镜》，文物出版社 2006 年版。

更加严格。（参见图 52）正如宗白华先生所说："中国的雕刻也像画，不重视立体性，而注意在流动的线条。"① 铜镜的装饰纹饰中，很多都是把形体转化为飞动的线条，有的线条不一定是客观存在的线条，而是"画家的构思、画家的意境中要求一种有节奏的联系。这使得整个形象表现得更美，同时更深层地表现内

① 宗白华：《美学散步》，上海人民出版社 2003 年版，第 48 页。

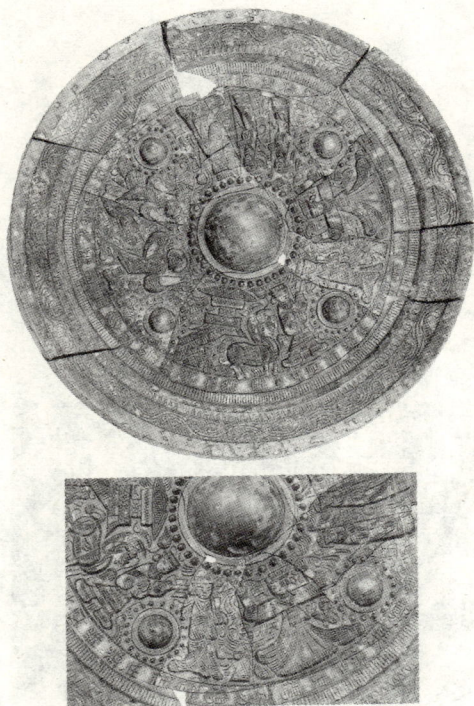

图 52　东汉贞夫画像镜（照片）

王士伦编著，王牧修订：《浙江出土铜镜》，文物出版社 2006 年版。

容的内部节奏"。①神仙车马画像镜中扬蹄飞奔的骏马，盘龙镜中压抑在盘中的龙的矫健腿脚，浑身充满张力的身躯，都是在飞扬流畅的线条中表现力度，具有抽象的美感，显示出一种生命的活力。"在汉代，不但舞蹈、杂技等艺术十分发达，就是绘画、雕刻，也无一不呈现出一种飞舞的状态。图案画常常用云彩、雷

---

① 宗白华：《美学散步》，上海人民出版社 2003 年版，第 63 页。

纹和翻腾的龙构成，雕刻也常常是雄壮的动物，还要加上两个能飞的翅膀。充分反映了汉民族在当时的前进的活力。"① 四乳禽兽镜、龙虎画像镜等是在动物的姿态中采撷气势美，动物形式多变，形象生动，内容丰富，动作敏捷，行云流水般地通过线条呈现出来。人们在生命的律动中企图给铜镜注入一股生机，只能借助自然界的生灵。在这种铜镜中，奔跑、飞扬、跳动、对称、呼应是其基本的美学情调。禽兽镜在四神的基础上更趋向一种自然化——自然的人化，它寄托着人们征服自然、征服宇宙的美好愿望。龙虎镜是汉民族图腾文化意识的积淀，在规矩中争霸、跳动、奔突，流露出自然社会化的审美思想。

（三）丰满朴实的构图

汉代艺术的杰出代表——画像石的构图比较充实，如海宁汉画像石墓南壁墓门上方，在空白处填卷曲的流云纹，在流云纹的空白处又填上各种动物，把整个画面布置得满满的，几乎不留什么空白。铜镜依然如此，在中心形象的周围，层层地布置上很多图案，使得整个镜面繁密而饱满。如绍兴出土的一枚长相思镜，连峰钮，凹纹方格钮座，铭文外围饰有凹纹方格，方格四条边线外各饰一乳钉四叶纹，四角饰变形草叶纹，镜边饰内向连弧纹。另外一枚规矩四神镜，钮座由九乳、重圈及凹形方格组成，内区饰八乳、规矩纹、四神和禽兽，外区饰弦纹，锯齿纹，双线波浪纹和连珠纹。由此可见，铜镜的纹饰不仅是空间的满，也是结构的满。但是这种满却使我们感觉不到笨拙，它充满了整体性的运动，画面中仅有的一点空白使我们觉得根本容不下这些强有力的东西，"……画面填得满满的，也给人以无限多之感。满表明汉

---

① 宗白华：《美学散步》，上海人民出版社 2003 年版，第 62 页。

的审美趣味是尽量的多，多多益善，有一种占有的兴奋。满也意味着汉人对无限的把握不是一种虚灵的体味，而是一种具体的玩赏，因此，尽管是神话，也画得如此具体，尽管是历史传说，也如在眼前，栩栩如生"。[①]

　　总之，铜镜虽小，但是作为艺术作品，它们却在整体性和本质性上蕴含着不同的时代文化精神。它们的文化视野极为广阔，文化内涵丰富而深邃，它们的写意艺术性超越时代，古今相通，而它们对于人生观、世界观的启迪意义，更是渗透到古今文化的各个领域。汉代铜镜所反映出来的艺术精神，丰富而饱满，具体而大气，成为反映汉代本地区政治、思想、文化等方面的典型代表。

　　① 张法：《中国美学史》，上海人民出版社 2002 年版，第 103 页。

第四章

堆 塑 罐

　　堆塑罐，俗称"谷仓罐"，也称"五管瓶"、"五联罐"、"堆塑器"、"魂瓶"、"塔式罐"等，亦有称"佛瓶"、"神亭"者（本文从造型艺术的角度和需要，把包括"五管瓶"在内的此类明器，通称"堆塑罐"，下同）。汉代堆塑罐造型简朴端庄、构思奇巧，釉色清淡典雅，质高形美，造型、装饰、色釉均具有极高的艺术价值。

　　汉代是堆塑罐形成和发展的重要时期，由两汉时期浙江丧葬用的谷仓罐演变而来，没有实用价值，只用于墓内随葬，汉末到六朝时期达到极致。它构思独特、富有奇趣，在陶瓷谷仓罐体上，堆塑着四个或者若干个小罐，形成有主有次、错落有致的塔式罐结构，在以后发展的器型上，又逐步堆塑着众多栩栩如生的动物、人物等现实生活形象。

一　出土概况

　　堆塑罐的分布，以宁绍地区最为集中。有的堆塑罐出土于有明确纪年的汉墓，如上虞县蒿坝 M52 "永初三年"堆塑罐，又如上虞驸山纪年汉墓也有两件等。东汉后期到六朝时期，堆塑罐发展演变很快，开始大量出现在各地的墓葬中，如浙江嵊州浦口镇四村出土的吴太平二年（257）堆塑罐，①另有一件现存于故宫博物院的吴永安三年（260）越窑青瓷谷仓罐，罐背上刻有"永安三年"的明确纪年以及"富且详（祥），宜公卿，多子孙，寿命长，千意（亿）万岁未见英（央）"的铭款。②浙江萧山东晋永昌年间的砖室墓出土的一件目前时间最晚的青瓷魂瓶，为东晋墓中的仅此一例。③

堆塑罐的出土数量，在不同阶段有所不同。根据相关研究资料，到1985年为止，堆塑罐的数量"仅仅有四十四件（包括陶质的），但发表的只有三十件"，④到2000年，仅"饰有佛教造像的魂瓶有八十余件，主要分布于江、浙、皖等长江中下游一带"。⑤从目前公布的资料看，在浙江地区发掘的两汉时期墓葬中，就已经出土有三十余件珍贵的堆塑罐。

（一）上虞驮山汉墓2件

（1）M30出土"永元八年（96）"原始瓷堆塑罐1件，胎质坚硬，露胎处为褐红色，釉色青黄，主体罐与小罐上腹以上施淡青釉，釉层有脱落现象，可见为稍早期釉瓷，主体罐肩部堆塑有四个小罐，中间主管敞口方唇，与罐体相通且高于周围四个小罐，颈长、罐体上有弦纹，圈足较高，为塔型造型结

---

① 见阮荣春《佛教南传之路》，湖南美术出版社2000年版，第18页。

② 见吴战垒《浙江省文物考古研究所学刊》，长征出版社1997年版，第308页。

③ 见黎毓馨《魂瓶与佛饰镜——论长江中下游地区吴晋时期有关佛教的遗物》，浙江省文物考古研究所编：《纪念浙江省文物考古研究所建所二十周年论文集》，西泠印社1999年版，第167页。

④ 见罗宗真《魏晋南北朝考古》，文物出版社2001年版，第186页。

⑤ 阮荣春：《佛教南传之路》，湖南美术出版社2000年版，第30页。

构。①

（2）M31 出土"永元十二年（100）"原始瓷堆塑罐 1 件，造型构成与 M30 出土的堆塑罐相似，中间罐管比周围四小罐高出近 4 厘米，假圈足，底略内凹，肩部有凹弦纹两组弦纹，胎质坚硬，灰白色，露胎处呈赫红色。②

值得注意的是，M30、M31 均为有确切纪年的东汉墓，两者相隔时间不长，所以从出土堆塑罐的器型变化可以清晰地看出它们之间的继承关系和演变脉络。

（二）上虞驿亭谢家岸后头山汉墓 6 件

（1）M11 出土堆塑罐 1 件，为四管瓶，中管粗大，另外三管呈正品字形堆塑，造型极为罕见，可能为堆塑罐较早时期的器型。（图 53）

（2）M16 出土"永元十三年（101）"釉陶堆塑罐 1 件。

（3）M10 出土的 1 件堆塑罐，破损，堆塑罐体型明显偏高、瘦长，刻画有弦纹。（参见图 54）

（4）M45 发掘有釉陶堆塑罐残片。

（5）M48 出土堆塑罐 1 件，罐体有弦纹、腹圆。（参见图 55）

（6）M13 出土 1 件堆塑罐，罐体有弦纹，腹圆，弧肩，堆塑的小罐较长。③（参见图 56）

---

① 见浙江省文物考古研究所《沪杭甬高速公路考古报告》，文物出版社 2002 年版，第 243 页。

② 同上书，第 249 页。

③ 同上书，第 300—281 页。

图 53　东汉堆塑罐（照片　上虞驿亭谢家岸后头山 M11 出土　四管瓶）

　　浙江省文物考古研究所：《沪杭甬高速公路考古报告》，文物出版社 2002 年版，彩版二九。

图 54　东汉堆塑罐（照片　上虞驿亭谢家岸后头山 M10 出土）

　　浙江省文物考古研究所：《沪杭甬高速公路考古报告》，文物出版社 2002 年版，彩版二九。

图 55 东汉堆塑罐（照片 上虞驿亭谢家岸后头山 M48 出土 四管瓶）

浙江省文物考古研究所：《沪杭甬高速公路考古报告》，文物出版社 2002 年版，彩版二九。

图 56 东汉堆塑罐（照片）

（摄于浙江省博物馆）

（三）浙江上虞凤凰山汉墓 8 件

（1）M274 出土 1 件，罐体塔型，上堆塑四小罐，扁鼓腹、圈足。[①]

（2）M239 出土 1 件，球腹、假圈足。

（3）M240 出土 2 件，罐体为塔型，三节、扁鼓腹、堆塑三个熊形兽。

（4）M250 出土 1 件，弧腹，下腹堆塑熊形兽和小虫。

（5）M295、M308、M230 也分别出土了堆塑罐。[②]

（四）上虞蒿坝东汉墓 3 件

（1）M58 出土堆塑罐 1 件，罐体为上下两层，小盘口、扁鼓腹，上有三组弦纹。[③]

（2）M58 出土堆塑罐 1 件，罐体为上下两层，小盘口、圆鼓腹、假圈足较高，肩有两组弦纹。

（3）M52 出土堆塑罐 1 件，罐体为上中下三层，小盘口、扁鼓腹，假圈足较低，中下两层堆塑有三个熊形兽。M52 为"永初三年（110）"纪年墓。

（五）鄞县高钱汉墓 5 件

（1）M40 出土 2 件，罐体低矮、呈葫芦型，上堆塑四小管，

---

① 见浙江省文物考古研究所《沪杭甬高速公路考古报告》，文物出版社 2002年版，第 223 页。

② 见浙江省文物考古研究所《浙江省文物考古研究所学刊——建所十周年纪念（1980—1990）》，科学出版社 1993 年版，第 250 页。

③ 见浙江省文物考古研究所《浙江省文物考古研究所学刊》第 7 辑，杭州出版社 2005 年版，第 414 页。

斜肩、平底、肩部有两组弦纹。①

（2）M25 出土 2 件，罐体增高、斜肩、肩部有一组弦纹、假圈足。

（3）M39 出土 1 件，罐体增高为三层，各层刻画有一组弦纹、圆肩、假圈足，在上中层间小罐处，堆塑有四个鸟，与小罐相隔开，中下层则堆塑有三个熊形兽，其间又堆塑有鸟，鸟形相间。

（六）浙江博物馆藏 2 件

（1）东汉塔式青釉堆塑罐 1 件，② 造型质朴、青釉淡黄、折肩，肩上有四道弦纹和一组水波纹，应为堆塑罐早期形态。（参见图 57）

图 57　东汉青釉塔式罐（照片）

李刚：《青瓷风韵》，浙江人民美术出版社 1999 年版，第 92 页。

---

① 见浙江省文物考古研究所《浙江省文物考古研究所学刊》第 7 辑，杭州出版社 2005 年版，第 426 页。

② 见李刚《青瓷风韵》，浙江人民美术出版社 1999 年版，第 92 页。

（2）增长型塔式罐结构堆塑罐1件，在上下腹各刻画有三道和五道弦纹，在罐体中部，堆塑着熊的形象，中间为熊头，两侧各一小熊紧相依偎。①

（七）金华博物馆藏1件

该馆藏的东汉堆塑罐，②顶部为一宽阔方唇罐口，在罐体上堆塑有四个较宽的罐，且与主罐体各个相通，施淡青釉，腹以下露胎，在堆塑的罐之间各堆塑着一个手持盾牌、头戴盔甲的武士形象。这件作品，器型规整、造型端正大方、饱满浑厚、人物塑造生动，堆塑的各罐与主体器罐各个相通。（参见图58）

图58　东汉堆塑罐（照片）

商湘涛：《中国高古青瓷鉴藏》，百花文艺出版社2003年版，第100页。

---

① 见浙江省博物馆藏品集《浙江七千年》，浙江人民美术出版社1994年版，第64页。

② 见商湘涛《中国高古青瓷鉴藏》，百花文艺出版社2003年版，第100页。

（八）宁波市南门祖关山 1 件

M1 出土堆塑罐 1 件，形制与奉化白杜汉墓出土的堆塑罐相同。

（九）嘉兴九里汇东汉墓 1 件

体瘦长，主体罐为椭圆形球体，主管上堆塑有细长的小管，圈足高，腰间有堆塑造型。

（十）奉化县白杜汉"熹平四年"墓 1 件

该堆塑罐器型作葫芦形，出土时上部已经残缺，下部为鼓腹、平底，在束腰部位尚残留有堆塑的人物、鸟兽和四个对称的圆孔，腹中刻有凹弦纹一组，施青釉，釉面光润而底部无釉。残高 22.5 厘米，腹径 25.5 厘米，底径 16.8 厘米。

（十一）海盐县博物馆藏 1 件

海盐南台头东汉墓发掘出土有五管瓶。[①]

二　造型装饰

"陶瓷造型的基本概念是指在一定的创造观念和意图的支配下，有目的地利用某种陶瓷工艺材料，运用一定的工艺加工技术，通过对形体、空间、构件等形式的确定和处理，创造出有一

---

① 见浙江省文物考古所《浙江省文物考古所学刊》，文物出版社 1981 年版，第 210 页。

定用途和意味的器物形态和样式。"① 堆塑是空间艺术造型形式，空间艺术造型包含两方面的含义：一是指人们生活在一个现实立体空间世界，对事物有着切身的空间感受和认识，有着再现和表现事物空间的意识和创作的欲望；二是指对具体艺术手法和具体艺术材料的综合运用。堆塑，是指陶瓷工匠在制作陶瓷坯胎时，以手工制作模型，用捏、贴、塑、粘出不同的人物造型、飞禽走兽、楼台亭阁等模具，堆贴、雕塑在器物坯体之上的造型手法，然后再施釉和进行烧制。从早期堆塑罐的造型结构上看，保持了陶瓷谷仓罐的特点，而在罐体上端又堆塑有三到四个小的联罐，形成有主有次的塔式罐结构，在其以后的器型上，更多地堆塑着栩栩如生的动物和人物等形象，六朝时期，罐体上堆塑着大量的人物、飞鸟、走兽、亭台楼阁等内容，所以称之为"堆塑罐"。汉代是堆塑罐的发生和形成时期，具有自身的造型和装饰特点以及独特的内涵，其器型精美庄重、内容洗练，装饰纹样和堆塑造型相对简朴，而艺术构思却别具匠心。

（一）造型结构特征

堆塑罐的造型特征主要是塔式罐结构，从其发展、演化时期上看，可以分为东汉早中期和东汉晚期这两个时期，每个时期都有不同的结构变化和内容。

1. 东汉早中期

这一时期的堆塑罐主要是五联罐，也叫五管瓶，江浙一带地区多见，多釉陶质，有少量瓷质，造型明显来源于早期的魂瓶谷仓罐。造型注重对称和平衡关系，艺术风格质朴、庄重。主体罐为圆形或者扁圆形，外型构成上似较扁的塔型，多为上小下大的

---

①　杨永善：《陶瓷造型艺术》，高等教育出版社 2004 年版，第 5 页。

二层塔式罐，上层中间一罐较之下层其他四罐略大、略高，罐体的中央和主体罐相通，罐体上均匀地堆塑着其余四个小罐，四罐对称排列在中间主罐的四边，一般不和主体罐相通，也有在下部附三个小罐的，如上虞驿亭谢家岸后头山 M11 东汉墓出土的四联罐，造型简朴，端庄大方，造型曲直对比明确，联罐和主体罐形成呼应，大小有别、高低错落有致，显得主次分明、排列有序，造型手法奇巧。

2. 东汉晚期

东汉晚期的堆塑罐造型结构明显增高、变长，堆塑造型日益丰富，器型讲究视觉的平衡，注重对比和调和关系。主体罐腹多为圆球体罐体，前期堆塑罐的形体，还显得较矮胖，在东汉晚期，下腹增高，或者上肩开始内敛，器型变高变瘦，上部的罐管变为细长，主体罐之肩腹部出现比较简单的堆塑，堆塑的造型，有熊、蛇、狗、鸟等动物和禽兽，有的还堆塑有人物，假圈足，平底。这时期堆塑的造型更加丰富多变，形式多样，大体上保持了西汉堆塑罐的造型形态，而在罐体上开始大量出现人物、动物、植物、器物等，均是来自民间生活的生动造像和实物记载。这种现实主义艺术的表现手法，使得堆塑罐形象变得更真实、丰富、奇趣，具有很好的观赏价值和研究价值。如鄞县高钱汉墓上虞蒿坝东汉墓 M39 出土的堆塑罐、嘉兴九里汇东汉墓出土的堆塑罐。（参见图 59）

（二）装饰手法

堆塑手法是堆塑罐最突出的艺术表现手段，在汉陶瓷造型中一直得到广泛的应用。汉代早期很多的原始瓷器壶、系罐、锺等罐体上用泥条贴塑在肩部，很多罐系上都有装饰，有的在罐系上部堆贴有小泥饼样铺首，或者在系上刻画有网状、绳状

图 59　东汉堆塑罐（摹本　嘉兴九里汇出土）

浙江省文物考古研究所：《浙江省文物考古研究所学刊》，长征出版社 1997 年版，第 269 页。

的装饰纹样，达到美观的效果。如上虞博物馆藏一件陶瓷井，从口沿到上腹部有三道弦纹和堆绳纹，交叉处塑乳钉，看上去很美；又如在义乌西汉墓出土的一件原始瓷壶，耳部堆塑有龙头纹饰，眼睛鼓突、龙角卷曲；出土的一件瓿，耳上印有手持剑和盾的武士形象，瓿的腹部刻画有两个对称的半身人像，下为佩带穿壁图，盖顶堆塑着蟠蛇形象，躯体蜷曲，刻画精细，这种在陶瓷上集刻画、堆塑艺术手法于一体的艺术形式是十分罕见的。西汉中期以后，装饰和塑造手法发生了新的变化，出现了用细条扁长的泥条贴塑的纹样，很多壶、罐的双耳上都有这样的装饰手法，有的在耳型上做有两个凹窝，称为"鬼眼"，动物、人物的形象也越来越多地出现在罐体上，动物造像表现了百鸟争食、牲畜满栏、舞乐百戏等喜庆丰收的场面，这些在深层意义上，则是表达了汉人灵魂不灭、羽化成仙、长生不老等思想意识，反映出汉代人的生活观和世界观。如浙江省博物馆藏的东汉青釉塔式罐，在上面的罐体堆塑着四个小罐，颈伸长，腹体较圆，在两个罐体之间的罐体腰部，堆塑着熊头形象，熊的眼睛与嘴巴用一圆形器物模印的圆形表示，熊头两侧紧堆塑着两个小熊头，依偎相亲，造型简单，十分有趣，在堆塑罐上下两个圆腹上分别刻画着三道、五道弦纹，堆塑罐体的围足较高，增强了罐体整个高度，浙江上虞凤凰山汉墓 M250 出土 2件堆塑罐也是这样的造型。这是一个形体的阶段变化，形体的伸长给堆塑手法提供了充分的塑造空间，罐体上得以能够更多塑造动物、人物，表现手法更加精彩。

汉代人的意识中，动物既是朝夕相处的伙伴，又是生活中的吉祥物，另一方面也具有升天、吉祥和辟邪驱恶的意义。汉代陶瓷艺术中动物的造型丰富多彩，民间艺术工匠们擅长用各种动物作为装饰造型，或者把整个器物做成动物的样子，出土的随葬明器上，动物的表现是十分普遍的。堆塑罐上堆塑的动物最突出的是鸟的形象，这与古越人对鸟的崇拜有关。鸟对于古越人来说是一种图腾，图腾一词来源于印第安语"totem"，意思为"亲属"、"标记"，原始人信仰中，认为自己的氏族人会源于某种特定的物种，认为与某种动物具有某种亲缘关系，这样，图腾信仰便与祖先崇拜联系在一起，于是某种动物或者植物便成了这个民族最古老的祖先。古越人的鸟图腾崇拜，可以上溯到远古新石器时代，在余姚的陶瓷遗址里出土的器物上有很多鸟的形象和图案，而这些鸟是原始图腾崇拜的某种标志，很多器皿、器罐上都有刻画的鸟形，如上虞牛头山古墓出土的一个喇叭口壶，壶肩上刻画着简形鸟纹，上下分两层并列纹样，绕壶一周，显得对称又美观，同时这件壶颈上还有水皱纹和细弦纹；① 衢州东华山汉墓出土有两件釉陶香熏，在一件拱起的盖面上有双面塔形钮，在钮顶部堆塑着一鸟，盖及上腹部施釉。②

　　人是自然的生灵，也是堆塑罐上表现的主要题材。堆塑的人物，有现实生活中的人，也有臆想和创作出来的人，但并不像北方陶俑那样宏大，人物真实亲切、仪态玲珑、富于变化，具有浓厚的生活气息和民俗风貌。如金华博物馆藏的一件堆塑罐，在罐体之上堆塑着手持盾牌、头戴盔甲的威武的武士形象，仿佛是在守护着谷仓；浙江省博物馆藏的堆塑罐，在五罐上都塑造有高鼻梁、高额头的胡人形象；武义县博物馆藏东汉堆塑罐，罐上塑一个生动的人物形象，双目有神，鼻子高挺而饱满，眉弓突出，值得注意的是，人物身穿清晰而典型的汉朝服装；③ 上虞市博物馆藏一件著名胡俑雕塑头像，④ 雕塑的是一个头戴异域帽子、高鼻子、络腮胡子的胡人形象，是一件不可多得的艺术珍品。在堆塑罐上对异域人的描绘，证实了汉代时浙江社会繁荣、经济发达，使得西域胡人来到东南地区，人口的流动促进了中西文化的融合。（参见图60）

---

　　① 见浙江省文物考古研究所《沪杭甬高速公路考古报告》，文物出版社 2002年版，第 139 页。

　　② 见崔成实《衢州市东华山汉墓发掘简报》，浙江省文物考古所：《浙江省文物考古所学刊》，1981 年版，第 92 页。

　　③ 李刚：《青瓷风韵》，浙江人民美术出版社 1999 年版，第 93 页。

　　④ 同上书，第 65 页。

图 60　东汉婺州窑青瓷塔式罐（照片）

李刚：《青瓷风韵》，浙江人民美术出版社 1999 年版，第 93 页。

三　实质内涵

（一）实质

堆塑罐是一种丧葬明器，是从谷仓（罐）发展演变而来的，也是汉代一种丧葬的组合关系的体现。

明器，也叫冥器，是指专门用于丧葬而做的陪葬品。明器的产生，来源于人们对生命"灵魂不死"、"死后升天"等思想观念的认识和精神寄托。在汉代，由于"灵魂不死"等思想盛行，人们幻想永生、追求来世的理想大多反映在当时社会日益盛行的厚葬风俗上，在堆塑罐这一明器上有着明显的体现。汉代人重视厚葬，殉葬品力求丰富而精细，堆塑罐应运而生，专门供死者在阴间所用而非为生者用具。汉代丧葬用器，有实用器和明器，明器大量使用陶瓷器制品，因为陶瓷质地坚固、耐用、美观，又可经历千年长久之存，所以陶瓷器明器盛行于社会的丧葬习俗中，这些明器，有死者生前用器，而更多的则是模拟现实生活场景的器物，如陶制的楼阁、仓房、灶台、兽圈、车马、井台、奴仆等等，营造一个阴间生活环境以供死者享用，墓葬中放置这些器罐的用意，在于祈求人生平安、富足幸福。

　　作为明器，堆塑罐出现在汉墓随葬品里面，其雏形是陶谷仓。谷仓早年多出现在先秦关中一带的墓葬里，意寓"五谷丰登"，祈愿谷粮满仓、生活富庶，这是农业文化的一种体现。在秦时期的关中和中原地区，以及被秦占领较早的长江流域局部地区的墓葬里面，也出现了很多陶仓明器，比如江陵凤凰山 M8、M9、M10、M167、M168 号墓，均出土有圆形尖顶的陶仓明器，[①]在浙江地区的墓葬中也多有发现谷仓明器，1979 年龙游镇发掘西汉墓，第 11 号、第 22 号墓中均有此出土，仓为硬陶仓，屋式，顶作悬山式，汉朝的住宅"平面多为方形或长方形，屋门开在房屋一面的当中，屋顶多采用悬山式顶"。[②] 这些陶仓的顶面平直，具有早期中原、关中一带房屋建筑的特征。不少明器谷仓在刚出土时，里面还装着谷粱类，"有的墓里，陶仓还保存有稻穗"，[③] 就是在吴晋时期依然如此，"以反映谷物盈仓为主题的谷仓罐在本区（长江下游地区）也多有发现"。[④] 这说明堆塑罐和随葬的陶谷仓的作用是一致的，陶谷仓就是堆塑罐的雏形。

　　墓葬的明器组合在一定时期有着一种相对稳定的关系，堆塑

①　见李如森《汉代丧葬礼俗》，沈阳出版社 2003 年版，第 143 页。
②　刘敦桢：《中国古代建筑史》，中国建筑工业出版社 1984 年版，第 50 页。
③　李如森：《汉代丧葬礼俗》，沈阳出版社 2003 年版，第 143 页。
④　黎毓馨：《浙江省文物考古研究所学刊》，长征出版社 1997 年版，第 281 页。

罐出现在汉代明器组合里面。汉代时期墓葬规模的大小和随葬组合，因墓主地位身份不同而不同。西汉早期的墓葬，明器组合为少量的陶器、罐、熏等，中期墓葬组合主要是井、仓、灶、牛、马、猪、羊圈等，到了东汉早期，墓葬中多有灶的随葬，在浙江的陶瓷故地绍兴一带，有个别东汉早期的墓葬就出现了堆塑罐，到了中期的墓葬，除常见的井、灶等明器，还出现了堆塑罐，这些堆塑罐的器型一经出现就发展很快，罐体从原来的矮胖变得越来越高、瘦长，平底，堆塑造型，从开始的在罐身刻画、粘贴、捏塑，发展到直接在陶瓷罐体上面进行堆塑造型。考古发现，在东汉晚期的汉墓明器中，多有堆塑罐的出现，这是一个独特的丧葬现象，伴随着陶瓷业的兴旺发达，堆塑罐也迅速流行起来，影响波及整个长江中下游地区。

（二）内涵

堆塑罐的深层含义，反映的是汉人的思想意识和追求，以及社会丧葬礼俗、文化内涵。

汉代人重生死、重厚葬、重来生，在与自然斗争和社会生产中，更多考虑的是人身生存需要和追求安宁的精神需求，"入土为安"是生者的理想，因而丧葬受到汉代社会普遍的重视。古人宇宙天地观的逐渐确立，宗教观的发展变化，以墓葬铸造来生的思想十分通行，引导着人们向往来生，追求生命的永恒，在他们的社会生产活动中，都深深融进了这些观念，随着生产的发展，人们更加重视厚葬的形式与选择。堆塑罐的出现恰恰是与汉人世界观紧密相连的，与他们"天人合一"、"来世幸福"、"永生不死"等思想意识相辅相成，体现着他们精神世界的追求和冀望。盛行的厚葬之风也反映在堆塑罐这一特殊器物上，明器数量的多寡和价值的厚重，都反映着墓主身份、等级的差别，从发掘的汉墓中可以看到，堆塑罐是豪强大族的墓葬奢侈用品，非实用品，大户和富庶的人才能用到，很多百姓家是用不起明器随葬的，哪怕是简单的明器。早期汉墓中堆塑罐出现很少，这与当时社会生产力较低、陶瓷烧制规模较小有关。随着社会经济的发展和陶瓷业的兴起，堆塑罐也伴随着汉代青瓷的繁荣而大量被使用，陪葬的明器越多说明墓主身份越高贵、地位越显赫。浙江地区在东汉中后期出现了很多豪族大户，讲究排场，注重丧葬，这些造型生动、工艺精美的堆塑罐，也就应运而生了。

四 审美特点

堆塑罐所呈现的造型和艺术风貌极具特性，体现出我们民族本土艺术深沉雄厚的精神气质，艺术风格质朴典雅、亲切生动。艺术，是文化传承的载体，深刻地反映了同时代人们的精神面貌、社会文化背景和社会审美心理，堆塑罐多出于民间能工巧匠之手，真实地反映了汉人的民风、民俗和社会思想。汉代统一的社会制度，形成了具有一定共性的审美艺术特征，在汉后两千年的中国发展过程中，汉代艺术审美思想影响深远。堆塑罐，这个特殊的器物，在一定地域、一定时间内出现，是极独特的，具有深刻的意义和内涵。它显示着汉代社会经济、文化、审美和丧葬制度的发展变化。它来自于民间，具有汉代民间艺术的风韵。

堆塑罐釉色淡雅宜人，属于青瓷艺术。青瓷天然釉色的美感，引人入胜，这种色彩美感是青瓷釉色的灵魂独特之处，也是古代人民审美理想的具体体现，是堆塑罐色釉美韵的精髓所在。上虞越窑在东汉时期已经成功烧制出了成熟的青瓷，标志着浙江陶瓷的兴盛。越窑的生产规模在这时期扩大起来，陶瓷手工业也成为新兴产业，所生产的产品，从早期仿礼器扩大到生活实用器，堆塑罐也是伴随着时代的进步而发展起来的。陶瓷生产规模迅速扩大、制作工艺迅速提高，出现了越来越多的陶瓷实用器和陶瓷明器，更多的民间工匠、普通百姓成为陶瓷制作和艺术创作的能手，他们根据自己质朴的情感和对生活的理解、认识，把社会生活的真实面貌表现在陶瓷艺术中，他们或者富有兴趣地在陶瓷上堆塑出自己熟识的吉祥动物，或者直接粘贴上自己熟悉的人物，或者按照一定程序制作出精美的实物，从而创造出了这些造型各异、面目多样、风格奇异的堆塑罐。

堆塑罐上奇异的造型和无比丰富的形象，展现了汉代社会真实生活的生动画卷，反映了汉代人的审美理想。

五 流变

东汉晚期到三国魏晋南北朝时期，北方多战乱，而江南广大地区，社会相对安定，中原人民和北方大批少数民族迁居到南方安身，江南人口大增。三国时期，孙吴围攻山越，也促使大批山越人出山定居，发展生产，江南经济迅速发展起来，东汉浙江地区兴盛起来的陶瓷业也得以快速成长，并影响广泛，浙江、江苏、江西等江南的大部分地区，都发现了这时期的大量的陶瓷遗迹和瓷窑址。

堆塑罐盛行在六朝时期，并深受地方文化、民俗、宗教信仰以及外来文化（主要是佛教文化）的影响，造型和内容随之发生了深刻的变化，器型更加繁冗精细、造型千姿百态，出现了一大批制作精美、结构复杂、堆塑着繁多人物、鸟兽、建筑阁楼、民俗、佛事造像内容的堆塑罐，被称为"鸟兽堆塑罐"、"魂瓶"、"佛事罐"、"神亭"等。这时期堆塑罐的造型和艺术特征已经明显与汉代质朴、典雅的艺术风格不同，而是繁冗精美，又充满了异域情趣。但是它的造型依然是那样神奇，"各地出土的魂瓶，尚没有发现内容、尺寸相同者，从质料到造型，都有一定的差异"。①

堆塑罐在此时期流传开来，迅速影响到长江中下游的广袤地域。从出土情况看，它的地域分布以浙江和江苏省南部为主，目前江苏出土的六朝青瓷，有一部分是浙江和江西烧制的。② 皖南、苏北、赣北长江沿岸亦有发现，如浙江省的绍兴、上虞、慈溪、嵊州、诸暨、武义、金华、衢州、临海、平阳，江苏省南部的南京、江宁、句容、金坛、宜兴、吴县，苏北的仪征，皖南的芜湖、广德、当涂，赣北的瑞昌等县市，以南京和绍兴一带出土最为集中。③

---

① 黎毓馨：《魂瓶与佛饰镜——论长江中下游地区吴晋时期有关佛教的遗物》，浙江省文物考古研究所编：《纪念浙江省文物考古研究所建所二十周年论文集》，西泠印社 1999 年版，第 167 页。

② 见南京博物院《江苏六朝青瓷》，文物出版社 1980 年版。

③ 见黎毓馨《魂瓶与佛饰镜——论长江中下游地区吴晋时期有关佛教的遗物》，浙江省文物考古研究所编：《纪念浙江省文物考古研究所建所二十周年论文集》，西泠印社 1999 年版，第 167 页。

第五章

画 像 砖

一 分 布

（一） 宁绍平原区

1958 年 3 月，在慈溪县西 2.5 公里担山发现东汉墓 2 座，浙江省文管会进行发掘，墓 1 中墓底以长 39 厘米、宽 15 厘米、厚 6.5 厘米的淡黄色绳纹砖砌筑。墓 2 中墓底以长 26 厘米、宽 13 厘米、厚 3 厘米的青灰色绳纹砖砌筑。[①]

1978 年 5 月，奉化县文管会对白杜汉熹平四年墓进行发掘清理，该墓后室从高 0.7 米开始内收叠起拱券，推测顶高 2.04 米，砖长 40 厘米、宽 19.5 厘米、厚 5 厘米，砖面模印钱纹和羽毛纹组合的花纹，边亦模印钱纹。墓内出现砖质买地券，呈青灰色，砖长 25 厘米、宽 9.2 厘米、厚 3.2 厘米，文字损蚀严重，砖文共四行，阴刻隶书，能辨认的有："熹平四年六月……一直二万……西……人……" 12 字。从文字的排列格式到内容分析，它不是墓志铭，而是买地券。[②]

---

① 见浙江省文物管理委员会《浙江慈溪发现东汉墓》，《考古》1962 年第 12 期，第 651 页。

② 见王利华、林士民《奉化白杜汉熹平四年墓清理简报》，《浙江省文物考古所学刊》，文物出版社 1993 年版，第 207 页。

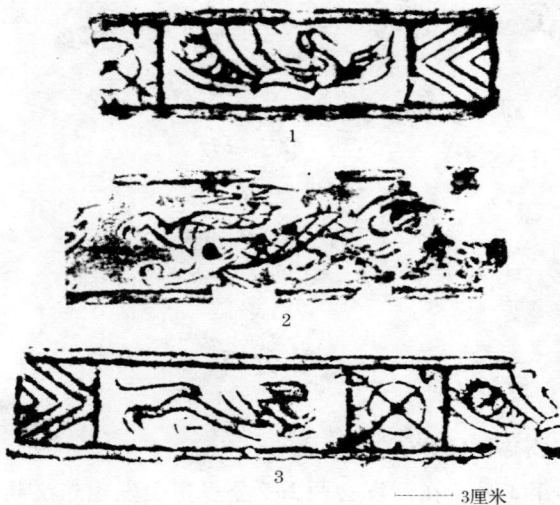

1

2

3

————— 3厘米

图61 汉代龙凤纹砖（拓本 上虞周家山出土）

浙江省文物考古研究所：《上虞周家山古墓葬发掘》，《沪杭甬高速
公路考古报告》，文物出版社2002年版。

1984年3—9月，浙江省文物考古研究所、上虞县文物管理
所对浙江上虞凤凰山古墓葬进行发掘，M29出土有"永元十五
年"的纪年砖。[①]

上虞周家山发掘有汉代古墓葬群，发掘的M46推测为东汉
前后期墓葬，墓室券顶砖有数块模印龙凤纹，（参见图61）"券
顶用砖规格有长34厘米、宽15厘米、厚4厘米，长26厘米、
宽7厘米、厚4厘米。砖面模印为对称的两组叶脉纹或钱纹和曲

————————————

① 见浙江省文物考古研究所、上虞县文物管理所《浙江上虞凤凰山古墓葬发
掘报告》，《浙江省文物考古研究所学刊——建所十周年纪念（1980—1990）》，科学
出版社1993年版，第206页。

折纹的组合纹饰，砖侧为各种简单的几何纹"。①

驮山地处上虞市东北部小越镇新宅村和祁山村两村的交界处，在木顶砖椁墓室中，墓砖以素面砖居多，部分砖的正面模印有绳纹，有些砖的侧面模印有菱形纹。在 M30 中，有墓砖四种，第一种为特制的大型扇面状楔形砖，位于墓室的券顶部位。长 34—44 厘米、宽 27 厘米、厚 7.5—8 厘米，砖的正面模印菱形纹，朝向墓室的短侧面模印叶脉纹和菱形、三角形等几何纹样；第二种为厚度较大的长方形条砖，用于墓室侧壁，长 30 厘米、宽 19 厘米、厚 7 厘米，正面模印绳纹，侧面模印三朵花卉状图案，中间为莲瓣，左右为柿蒂状花卉；第三种为厚度较大的长方形条砖，用于墓室侧壁，长 36 厘米、宽 26 厘米、厚 7 厘米，侧面模印青龙、白虎图案，一左一右；第四种为普通的长方形砖，主要用于甬道、墓室后壁和墓底，长 34 厘米、宽 17 厘米、厚 4.5—5 厘米，部分用于后壁者，砖侧模印有"永元八年"（公元 26 年）纪年铭文，"永元"和"八年"的文字间用钱纹和菱形纹间隔。②（参见图 62、图 63、图 64）

在上虞驿亭谢家岸后头山古墓葬木盖顶砖椁墓 M34 中，墓壁、墓底铺砖两面均有放射状"米"字纹，俗称太阳纹。券顶砖室墓 M13 中，墓壁、甬道券顶砖平面也均有放射状"米"字纹。③

1983 年 9 月 12 日至 10 月 25 日，浙江省文物考古研究所发掘鄞县高钱古墓葬，在 M24 中，券顶用刀形砖，规格为长 37.5

① 见浙江省文物考古研究所《上虞周家山古墓葬发掘》，《沪杭甬高速公路考古报告》，文物出版社 2002 年版，第 178 页。

② 见浙江省文物考古研究所《上虞驮山古墓葬发掘》，《沪杭甬高速公路考古报告》，文物出版社 2002 年版，第 225 页。

③ 见浙江省文物考古研究所《上虞驿亭谢家岸后头山古墓葬发掘》，《沪杭甬高速公路考古报告》，文物出版社 2002 年版，第 266 页。

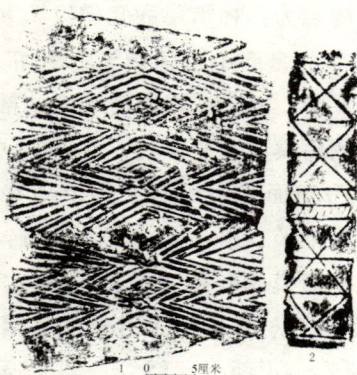

图 62　汉代几何纹样砖（拓本　上虞驮山出土）

浙江省文物考古研究所：《上虞驮山古墓葬发掘》，《沪杭甬高速公
路考古报告》，文物出版社 2002 年版。

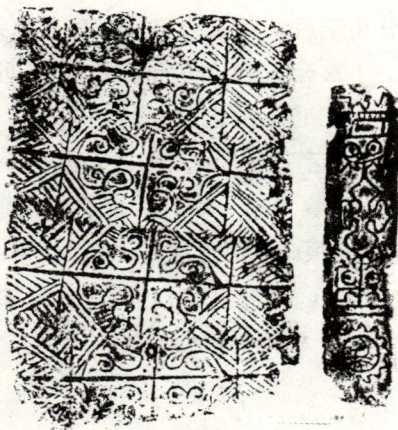

图 63　汉代莲瓣、柿蒂纹砖（拓本）

浙江省文物考古研究所：《上虞驮山古墓葬发掘》，《沪杭甬高速公
路考古报告》，文物出版社 2002 年版。

厘米、宽 13.5 厘米、厚 3 厘米（端面）和 4 厘米（背面）。砖面模印有叶脉纹、对角菱线纹、羽毛纹、"米"字填线纹等。M36 中墓砖长 20—30 厘米、宽 13—15 厘米、厚 3—4 厘米，砖面模印有叶脉纹、对角菱线纹、横线加戳印"回"字纹等。M32 中墓砖规格为长 28 厘米、宽 14 厘米、厚 4 厘米，砖侧模印有对角菱线纹、端面模印半朵浮雕式宝相花，两砖为一朵。M34 中墓砖侧面模印网线纹、对角菱线纹等。①

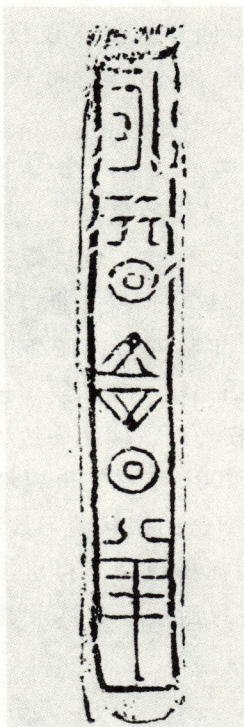

图 64　汉代"永元"和"八年"的文字砖（拓本）

　　浙江省文物考古研究所：《上虞驮山古墓葬发掘》，《沪杭甬高速公路考古报告》，文物出版社 2002 年版。）

---

　　① 见浙江省文物考古研究所、南京大学历史系考古学专业《浙江省鄞县高钱古墓发掘报告》，《浙江省文物考古研究所学刊》，2005 年版，第 423 页。

（二）杭嘉湖地区

1955 年，杭州铁佛寺（今文二路）发现砖室墓，墓的四壁砖上有图案纹饰和篆书"富贵"两字，墓底砖上，砖面上有"富贵长乐大吉"六字。[①]

1973 年，浙江海宁长安镇东汉墓出土有"天"字纹样砖、卷草纹、叶脉纹、浅绳纹、几何纹、斜方格纹、钱纹砖等。（参见图 65）

1988 年，杭州半山汉墓出土了不同样式的东汉纹饰砖，1996 年杭州半山鸟儿山墓群发现钱纹砖，1998 年杭州半山汉墓出土长方形花纹砖。[②]（参见图 66）

1999—2004 年，在浙江临安地区发现了一定数量的画像砖：1999 年临安市塔山镇牧亭村出土汉代的鱼纹、钱纹、几何纹砖，从左至右依次为菱形几何纹、钱纹、鱼纹等；2000 年临安市锦城街道平山村出土东汉的钱纹、回纹、企口砖，侧面饰钱纹、回纹、平面饰绳纹；2001 年临安市锦城街道平山村出土东汉的回纹、五铢纹砖，侧面饰回纹、五铢纹。还有东汉的钱纹、宝瓶纹、直棂纹、鱼纹、楔形砖，侧面饰钱纹、宝瓶纹、直棂纹、鱼纹，平面饰绳纹；2001 年临安市锦城街道平山村出土东汉的犁纹、菱纹砖，由细密的网状菱形纹组成，纹饰中间有铁犁形象；2004 年临安市河桥镇曙光村出土东汉的直棂纹"弓田"文字砖。还有东汉的回纹、禽鸟纹砖，侧

---

① 见王士伦《杭州铁佛寺清理了一座东汉墓葬》，《文物参考资料》1955 年第 6 期，第 122 页。

② 见马时雍《杭州的考古》，杭州出版社 2004 年版，第 97 页。

图 65 海宁汉画像石墓出土的文字画像砖 (照片)

面饰回纹、禽鸟纹及"上"字，一面饰绳纹。① （参见图 67）

图 66　汉代鱼纹、钱纹、几何纹砖（拓本）

《中国画像砖全集》编委会：《中国画像砖全集》第 3 卷，四川出版集团、四川美术出版社 2006 年版。

图 67　汉代犁纹、菱纹砖（拓本）

《中国画像砖全集》编委会：《中国画像砖全集》第 3 卷，四川出版集团、四川美术出版社 2006 年版。

　　1985—1986 年，湖州市博物馆考古工作人员在浙江省湖州市杨家埠发掘古墓葬，D7M1 为长方形券顶砖室墓，墓壁为平起错缝结构，墓砖长 35 厘米、宽 17 厘米、厚 5 厘米。为一端中间外凸，另一端中间内凹的子母砖，两砖前后相接。砖之正面印叶脉纹，背面印绳纹，侧面为网格纹。②

　　1963 年 11 月，德清县文化馆对凤凰山汉画像石墓进行发

---

　　①　见《中国画像砖全集》编委会《中国画像砖全集》第 3 卷，四川出版集团、四川美术出版社 2006 年版。

　　②　见浙江省文物考古研究所、湖州市博物馆《浙江省湖州市杨家埠古墓发掘报告》，《浙江省文物考古研究所学刊》，2005 年版，第 142 页。

掘，在 M1 中甬道用一侧有"万岁不败"和两种花纹的长方砖砌壁，起券用一侧大一侧小的斧形砖，小侧有三种花纹（向里），到券顶处有一头大一头小的扇形砖，小头向里，有"不"字和两种花纹。该墓还出土了虎首形方砖花纹。①

1974 年 3 月，对德清县秋山汉画像石墓进行发掘，出土的刀形砖薄的侧面饰叶纹，方砖侧饰叉线纹，另一种方砖饰斜方格纹，砖的平面是绳纹。②（参见图 68）

图 68　汉代回纹砖（拓本）

《中国画像砖全集》编委会：《中国画像砖全集》第 3 卷，四川出版集团、四川美术出版社 2006 年版。

（三）金衢盆地区

1979 年上半年，衢州市文管会对浙江龙游县东华山汉墓进行发掘。1987—1989 年期间龙游县博物馆进行第二次清理发掘。在 87 龙东 M2 中封门砖为横平砌，砖大小为长 33 厘米、宽 16 厘米、厚 5.5 厘米，两面模印叶脉纹、钱纹复合图案，侧面为对顶三角形，两端素面。③

---

① 见浙江省文物管理委员会《浙江省德清县凤凰山画像石墓发掘简报》，《浙江省文物考古研究所学刊》（第 7 辑），2005 年版，第 439 页。

② 见浙江省博物馆《浙江省德清县秋山画像石墓的发掘》，《浙江省文物考古研究所学刊》（第 7 辑），2005 年版，第 458 页。

③ 见朱士生《浙江龙游县东华山汉墓》，《考古》1993 年第 4 期，第 330 页。

（四）其他地区

除以上三个主要区域外，在浙江淳安、诸暨（位于宁绍平原和金衢盆地过渡区）、义乌、武义、嵊州、新昌，浙中、浙南沿海的黄岩、象山、临海等地有少量汉墓发现，多以砖室墓为主。由汉墓出土的汉画像砖情况如下。

1956 年，浙江省文管会对黄岩秀领水库古墓进行发掘，在其中的东吴天玺元年墓（墓 5）中发现底面直铺平砖，长 32 厘米、宽 15 厘米、厚 5 厘米，其中有少数砖的侧面有阳文的反范隶书"天玺元年六月四日孤子徐□□建作"。①

1957 年 4 月浙江省文物管理委员会、浙江省博物馆组织了新安江水库考古工作队，对淳安地区进行发掘。发掘的汉墓中墓砖平面饰绳纹为多，侧面有各种花纹图案，也有吉利语和纪年文字。其中建初六年墓墓壁全部以长 30 厘米、宽 15 厘米、厚 4.5 厘米的绳纹砖二横二直平铺砌成，部分砖侧面有花纹并有"建初六年六月□□"文字。永元十四年墓墓砖长 30—37 厘米、宽 15 厘米、厚 4—5 厘米，平面多饰绳纹，侧面有花纹，并有"永元十三年太岁□□"、"方大□壬寅作砖"等纪年砖和文字砖。②

在台州路桥南山出土有三国东吴墓，具体位于螺洋街道南山村。1910 年前后，发现赤乌纪年墓一座，墓砖刻有赤乌八年（245）纪年和鸟纹、鱼纹。③（参见图 69、图 70、图 71）

---

① 浙江省文物管理委员会：《黄岩秀领水库古墓发掘报告》，《考古学报》1958 年第 1 期，第 111 页。

② 见新安江水库考古工作队《浙江淳安古墓发掘》，《考古》1959 年第 9 期，第 464 页。

③ 见陈友池《共和岩画》，《路桥文物》（浙江地方文献丛书），2004 年版，第 20 页。

图 69　汉代直棍纹、"弓田"纹砖（拓本）

《中国画像砖全集》编委会：《中国画像砖全集》第3卷，四川出版集团、四川美术出版社 2006 年版。

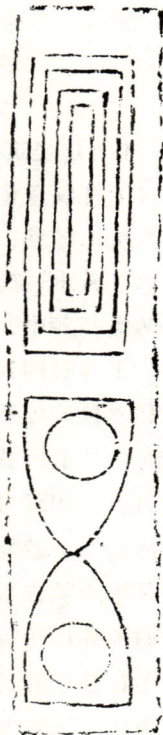

图 70　汉代回纹、禽鸟纹砖（拓本）

《中国画像砖全集》编委会：《中国画像砖全集》第3卷，四川出版集团、四川美术出版社 2006 年版。

图 71　汉代回纹、五铢钱纹砖（拓本）

《中国画像砖全集》编委会：《中国画像砖全集》第3卷，四川出版集团、四川美术出版社 2006 年版。

二　建筑构造与装饰特点

（一）建筑构造

浙江汉墓依据年代的先后顺序，大致可以分为三类：一为竖穴土坑木椁墓，二为木顶砖椁墓，三为券顶砖室墓。这三者分别以木、砖木、砖石作为建筑材料，建筑材料决定了画像砖存在于后两类墓葬中，且多应用在墓地、墓壁、券顶的构筑上。

王莽时期到东汉早期，浙江的墓葬形式出现了竖穴土坑木椁墓和木顶砖椁墓，木顶砖椁墓是土坑木椁墓向券顶砖室墓过渡的形态。如上虞驮山和上虞后头山墓葬，墓顶、墓壁均有花纹画像砖出土。1957 年淳安地区的章帝"建初六年"纪年画像砖墓是目前长江下游南岸地区有明确纪年的最早券顶砖室墓。[①] 券顶砖室墓采用长方形砌筑，券顶部位多用楔形砖、子母砖等异型砖。早期的券顶砖室墓为单室墓，平面形状为长方形或凸字形，封门多砌在墓室前壁正中，如德清县凤凰山、秋山画像石墓；后期的券顶砖室墓发展成为多室墓葬，大多由甬道、前室、过道、后室四部分组成。

德清秋山画像石墓为券顶砖室墓，券顶和墓壁均厚约 0.4 米，券顶正中插一斧形砖，券顶南北两端因盗洞均已坍塌，只残留中间一部分，墓门有石门两扇。门上有石门楣，下有石门槛一条，上凿方形委角门臼，门旁有石二柱，石门外筑有券顶封门，内用长方砖封闭。（参见图 72）

---

① 　见贺宇红《宁绍平原汉至六朝墓砖初探》，《浙东文化》1994 年第 1、2 期合刊（特刊），第 92 页。

图72　汉代钱纹、回纹砖（拓本）

《中国画像砖全集》编委会：《中国画像砖全集》第3卷，四川出版集团、四川美术出版社2006年版。

（二）装饰

1. 装饰类别

浙江区域出土的汉画像砖大致可分为以下五类：动物纹样包括龙凤纹、龙虎纹、鱼纹、鸟纹等，植物纹样包括叶脉纹、卷草纹、莲瓣纹、柿蒂纹、宝相花等花卉纹样，几何纹样包括菱形纹、直棂纹、绳纹、回纹、米字纹等，器物纹样包括铁犁纹、宝瓶纹、钱纹、羽毛纹样等，汉字装饰纹样包含有纪年砖、汉字装饰砖、买地券等。浙江的汉画像砖囊括的类别较为全面，但与河南、四川等地的汉画像砖相比而言，人物活动、建筑场景、神话传说等的画像表现内容尚有欠缺。

砖大都为功能性的砖，兼有装饰的作用。如券顶用的楔形砖，如上虞周家山券顶砖中数块模印龙凤纹；各种尺寸不一的条砖，用于砌墙或铺地等，海宁汉画像石墓中的"天"字纹与五铢钱纹结合的条砖，就用来堆砌在画像石墓四壁上起券，用做券顶正中的"伏"，许多汉墓的铺地砖上模印有浅绳纹或圆形的铜钱纹等，起到美观、防滑等作用。（参见图73）

从出土的汉画像砖规格分析，都为体量较小的砖，不像河南、四川等地的汉画像砖，有体量较大的空心条砖，来表现大型的乐舞、宴饮、车马出行等场面。相比而言，浙江的汉画像

图 73　汉代钱纹、宝瓶纹、直棍纹、鱼纹砖（拓本）

《中国画像砖全集》编委会：《中国画像砖全集》第 3 卷，四川出版集团、四川美术出版社 2006 年版。

砖无论从体量和画像内容上看，更像小品，不似中原等地的鸿篇巨制。其中有着一定的政治、经济原因，浙江地处东南沿海区域，中原地区政治发达、经济繁荣，皇族贵戚众多，有足够的财力与人力对自己的墓葬进行精雕细琢，所用的画像砖就相当的丰富。

　　画像砖在券顶的汉画像石墓中出土较多，是对精美的画像石刻的补充，如海宁汉画像石墓，画像石是叙事性的铺陈，而画像砖则是纵向或横向上重复展开，类似于装饰图案中二方与四方连续的组合方式，达到繁缛的效果，且石材质的粗犷、砖材质的细腻所形成的质感上的对比，及石刻画像的丰富性、手工味与砖刻模印的程式化间的对比，共同起到了丰富墓室装饰效果的作用。（参见图 74）

图 74　汉代鱼纹、钱纹、几何纹砖（拓本）

《中国画像砖全集》编委会：《中国画像砖全集》第 3 卷，四川出版集团、四川美术出版社 2006 年版。

2. 富有江南特色的装饰

浙江的汉画像砖极富江南特色，体现多水的文化内涵。如鱼纹、鸟纹等，距今七千年前的河姆渡文化出土的许多陶器中就装饰有鱼形纹，还有陶塑鱼、鱼柄器等，河姆渡遗址出土的象牙器就装饰有双鸟的图符，在汉画像中出现特有的鱼纹、鸟纹等画像砖，体现了文化的地域传承性。浙东宁绍平原、浙北杭嘉湖地区河网密布，渔业生产发达，人们在渔猎生产中，认识到鱼极强的繁殖能力，油生出一种崇拜之情，鱼行使着繁衍庇佑子孙的职能。汉画像中鱼形的表达，寄予了墓主希望子孙多福的美好愿望；同时阴间之路又称"黄泉"，鱼属水、属阴，能替墓主在黄泉路上指引方向。浙江地区地属南方，气候温暖，有许多候鸟栖息，且丰富的鱼类为鸟提供了充足的食物，鱼与鸟同时出现在汉画像砖上可以说是劳动人民对日常生活的一种真实描摹，在"视死如生"的观念下，希望依然能享受这恬美的水乡风光，具有浙江独特的神韵。

浙江多水，水乡多荷花、莲花，汉画像砖图像取材自然，对植物进行描摹，体现了水乡特色。但荷花、宝相花形大量模印于画像砖中有着其特殊的宗教含义。佛教早在汉明帝时期就传入中国，作为佛教信物的"莲花"，花性高洁，象征着死者灵魂转世的引导者和护送者，宝相花同为佛教信物，装饰于墓室中，表达了人们希望佛庇佑的美好愿望。在汉代浙江出土的这些画像砖是佛教在浙江流传的标志。柿蒂纹是较为流行的传统纹样，在秦汉的漆器中多用此纹进行装饰，或将容器盖子的提柄设计成该样式，其形包含天圆地方，象征着天地，常被寓以吉祥之意。

3. 独特的文字装饰

在浙江的汉墓中出土了大量内容丰富的文字砖，这是其他区域罕有的。浙江出土的文字砖多起到四方面的作用：一是纪年性质的，如上虞凤凰山"永元十五年"纪年砖；上虞驮山"永元八年"纪年砖，"永元"和"八年"的文字间用钱纹和菱形纹间隔；淳安地区的汉墓有"建初六年六月□□"、"永元十三年太岁□□"、"方大□壬寅作砖"等纪年砖和文字砖；黄岩秀领水库东吴天玺元年墓（墓5）中少数砖的侧面有阳文的反范隶书"天玺元年六月四日孤子徐□□建作"等；台州路桥南山发现赤乌纪年墓，墓砖刻有赤乌八年。这些文字砖起着纪年与标记建造者的作用。二是出现了功能性质的文字，买地券。如白杜汉熹平四年墓内出现砖质买地券，阴刻隶书，能辨认的有："熹平四年六月……一直二万……西……人……"12字。表明浙江墓地私有化也已出现并普及。买地券是："人们害怕地下鬼怪伤害墓主才发明出来的。"① 借买地券为凭，表明墓地有主，避免鬼神侵扰。三是作为纯粹的文字装饰，一般用各式吉利语，如海宁汉画像石墓中钱纹与"天"字组合而成的条砖，被装饰于墓室四壁与券顶中央的"伏"中，有着象征天界，富裕美好的含义；2004年临安市河桥镇曙光村出土东汉的直椟纹"弓田"文字砖采用牧作与耕作等劳动相关联的文字，感受劳动带来的富乐；浙江德清凤凰山的"万岁不败"墓砖、杭州铁佛寺（今文二街）发现的"富贵"、"富贵长乐大吉"墓砖，类似于汉瓦当中的"长乐未央"等文字装饰，瓦当为阳宅的建筑构件，画像砖是构筑阴宅的材料，说明汉墓是仿效地面生宅而建，浙江汉墓中出现的文字砖可谓是瓦当在阴宅中的替代品，都是以吉祥的文字装饰，表达了祈求吉祥美好的心愿。在浙江的汉墓中出现了大量的文字装饰砖，有着一定的历史原因，黄巾起义及牧守混战的东汉

---

① 杨爱国：《幽明两界——纪年汉代画像石研究》，陕西人民美术出版社2006年版。

晚期，黄淮流域的人口大量迁移到江南地区，文化交流增强。东汉晚期在洛阳的浙江籍官员有"归旧茔"的习俗，一般实行归葬故里，带来的中原的建筑文化对江浙地区墓葬产生深远影响，诞生了与众不同的文字装饰砖。四是方便建造，标示方位的砖。如：2004年临安市河桥镇曙光村出土东汉的"上"纹字；德清凤凰山画像石墓券顶处有一头大一头小的扇形砖，小头向里，有"不"字和两种花纹。"不"字可能为"下"字的笔误，这些文字砖标明了砖在汉墓建筑中的位置，不易与其他砖混淆。

三　艺术表现与文化内涵

（一）艺术表现

1. "极简"、"夸张"的形式

汉画像砖大都采用剔地阳刻的手法，出土的大量画像砖多运用线条造型，线条挺拔、简练生动。上虞周家山龙凤纹砖，龙凤的造型都是以纤细的线条来表现，线条简洁而流畅，将龙、凤奔跑的动态进行变形夸张，传神地表达了飞腾的态势。而且线条疏密有致，在形象的处理上，如翅膀、尾翼的表现上采用浓重的笔触强化羽翼的特征，在动态的扭转处理上则采用简练、圆润而又流畅的线条大胆表现。同样在花纹、几何纹样砖中，也极注重繁简，注重对物象主要特征进行夸张描绘。

2. "对称式"的组合

浙江出土的汉画像砖，无论是图文组合的画像或是几何纹与其他植物、动物纹样组合画像，都体现了对称的原则，视觉上较为平衡。上虞驮山几何纹样砖与莲瓣、柿蒂纹砖，左右对称的几何菱形纹纵向排列，砖侧的米字纹也是依据矩形上下对称，上虞驮山"永元"和"八年"的文字砖也是依对称分布的三角、铜钱纹分布，海宁汉画像石墓中装饰"天"字纹的砖，依砖侧的五铢钱纹为中心分列于两侧。四川、河南等地的许多记录人们活动的画像砖是叙事性质的，画面构图自由，也有几何对称的范式，但浙江区域出土的画像砖几乎都带有对称性质。这与画像砖模印制作的方法相关，许多是程式化的重复。

3. "适形"的造型

浙江的汉画像砖动植物造型可以根据画面需要任意地夸张变形，上虞周家山龙凤纹砖，在限定的窄长的区域内，龙、凤的造型被拉长，整个画面都被充满。相反在虎首方砖中，虎首因被限制于方形区域内而加强了其脸部的装饰。在莲瓣纹的表现上，莲瓣巧妙地嵌于几何纹中，体现了"适形"的造型方法。（参见图75）

图75　德清凤凰山汉画像石墓花纹砖（拓本）

浙江省文物管理委员会：《浙江省德清县凤凰山画像石墓发掘简报》，《浙江省文物考古研究所学刊》（第7辑），2005年版。

（二）文化内涵

1. 中原传统文化蕴涵丰富

龙凤纹砖与装饰青龙、白虎、虎首的砖是浙江汉画像砖对中原汉画的继承所演变发展而来的。龙凤、青龙、白虎、虎首等纹样在河南、四川、山东等地的汉画像石、砖中均有出现，但比较而言，还是以中原的画像石中装饰较多，龙凤、虎等既有辟邪的作用，同时还做引魂升天的工具，浙江的画像砖吸收了中原汉画的寓意进行选材创作。

在汉画像砖中五铢钱纹较为普遍，象征着财富，这个情况也反映出随着厚葬的兴盛，汉代经济的衰微，不得不将钱纹模印于画像砖中作为象征，东汉末期墓中常出现剪边的五铢钱也是经济衰弱的一个表现。从一定程度上反映了浙江汉墓沿袭中原实行薄葬的趋势。

浙江德清凤凰山出土的虎首方砖，虎首的纹样极具装饰性，憨厚朴拙，与现今陕北民间装饰屋顶的瓦当与虎头鞋等民间手工艺的虎头造型非常相像，陕北的民间艺术是原生态的，可以上溯到秦汉瓦当装饰纹样。可见浙江的汉画像砖深受中原汉画的影响，且与民间艺术有着一定的联系。

2. 越地生活情感丰富

几何纹在浙江汉画像砖中较为普遍，笔法简单而又富于变化，如菱形纹，是网纹的变体，体现了浙江的水性文化，日常生活中的竹编器皿、窗棂等也促使了菱形纹、回纹的形成，绳纹出现于原始的陶器表面，起到一定的防滑与装饰功能，在画像砖中，尤其是铺地砖中常装饰有浅浅的绳纹，体现了越地古老习俗的传承与变化，是越地人们朴素、细腻的情感流露。

画像砖采用回纹的几何装饰纹样，排列疏密有顺，是农耕社会人民祈祷丰收的朴实情感流露。回纹为云雷纹的一种，中国作为一个古老的农耕国家，对雷是非常重视的，雷是雨的先兆，运用云雷纹进行装饰多是古老的巫术祈雨习俗的体现。

值得一提的是浙江汉画像砖中出现了农业耕作工具及日常的

宝瓶等器物，铁犁作为装饰纹样，体现了汉代浙江对农业的重视，汉代是重农业发展的时代。宝瓶等日常器物的出现，寄寓了主人乞求平安的期望。

3. 深刻影响浙江民间艺术形式

浙江汉画像砖采用阳线剔刻的手法，线条纤细挺拔，多采用对称、适形造型的方法。在汉以后发展形成的剪纸中，南方的剪纸就常以纤细的线来表现，体现特有的柔美秀气，区别于北方剪纸的粗犷。在南方地区纸马特别流行，江浙地区的纸马人物，如灶王爷、药王爷等都是用线来表达，是汉画像砖中线条运用的影响与延续。在前文中以德清虎首方纹砖为例说到了浙江汉画像砖中朴实可爱的造型受到中原汉画像石中造型的影响，由浙江往南，在云南等少数民族的民间刺绣作品中也常出现质朴的虎纹造型。（参见图 76）

图 76　德清凤凰山汉画像石墓虎首砖（拓本）

浙江省文物管理委员会：《浙江省德清县凤凰山画像石墓发掘简报》，《浙江省文物考古研究所学刊（第 7 辑）》，2005 年版。

　　汉画像砖在浙江各个区域普遍出现，丰富了浙江汉画研究的题材，同时为研究汉代浙江艺术提供了基础材料，为研究浙江地域与长江以南地域文化之间的联系与传承提供了事实依据，使我们能清晰地看到汉文化传播蔓延的途径与脉络。

第六章

丝　　绸

　　长江下游的三角洲地带是我国新石器时代蚕桑丝织遗迹、遗物发现较为集中的地区。1958 年浙江湖州钱山漾良渚文化遗址出土了距今 4700 年的绢片、丝带、丝线、丝绳和苎麻布，[①]这是我国境内最早发现的新石器时代的丝织实物；1978 年浙江宁绍平原余姚河姆渡文化遗址发掘出土了一件带有编织纹和蚕纹图案的牙雕盅形器以及麻线、纺轮和原始的织机零件，[②]丰富了长江下游原始丝织文化的内容，成为长江下游地区丝绸生产历史悠久的有力证明，由此可知浙江先民已进入从事耕作的定居生活，距今 7000 年的河姆渡文化代表了长江下游蚕桑、丝绸文化的源头。浙江余姚瑶山墓地、海盐县龙潭港墓地还有玉质纺轮出土，[③]为纺织工具增添了新的内容，也是良渚先民重视丝织业和其丝织业发达的重要标志之一。我国汉代以前丝绸文物的发现，主要集中在黄河中下游和长江中下游两个地区，这两个地区出土

---

　　①　见浙江省文管会等《吴兴钱山漾遗址第一、二次发掘报告》，《考古学报》1960 年第 2 期。
　　②　见浙江省文管会、浙江博物馆《河姆渡发现原始社会重要遗址》，《文物》1976 年第 8 期。
　　③　见浙江省文物考古研究所《余杭瑶山良渚文化祭坛遗址发掘简报》，《文物》1988 年第 1 期。

的战国时期的青铜画像纹壶和宴乐画像杯上也都刻有女子采桑的生动画面，作为生活场景的真实反映，这从另外一个侧面反映了当时养蚕业的繁荣。新石器时代长江流域的丝绸遗迹、遗物主要集中于长江下游三角洲地带，身处其中的浙江省在汉代时的丝绸发展中也应该是处于领先位置的。（参见图77、图78）

　　由于丝绸受保存环境的限制，所以目前浙江汉代出土的丝绸实物并不多，但在文献中却早有记载。《尚书·禹贡》记载了禹定全国为九州和各州出产进贡的情况，书中指出冀、兖、青、徐、扬等州每年必须上贡足量的丝和丝织物，当时浙江属扬州之域，有上贡"厥篚织贝"的记载。据郑玄的解释，认为所谓扬州的"织贝"，就是《诗经·小雅·苍伯》中所说"成是贝锦"

图77　湖州钱山漾出土丝带（照片）
（摄于中国丝绸博物馆）

图 78　河姆渡遗址出土牙雕盅形器（照片）

（摄于中国丝绸博物馆）

的贝锦，即一种先染丝而后织成贝纹的锦名。在《左传》哀公七年有："禹会诸侯于涂山，执玉帛者万国。"这些记载反映了当时丝绸已经作为奢侈品进贡给统治者，同时也说明在夏朝时浙江就已经开始丝绸生产了。

　　春秋战国时期，浙江当时为越国，居今浙东（南）和部分浙西北。另一部分浙西北地区则属吴国。两国时常交战，公元前494 年，吴国打败越国，越王勾践卧薪尝胆，富国强民，采纳了范蠡和文种提出的"必先省赋敛，劝农桑"[①] 等建议，并"身自耕作，夫人自织"，[②] 以示带头。男女老少，努力耕织，丝绸生产有了提高和发展，终于在公元前 473 年灭掉了吴国。春秋后期越国生产的丝织物中有帛、帛、采、罗、纱等。（参见图 79）

① 《越绝书》卷四。
② 《史记》卷四十一。

图 79　河姆渡遗址出土陶纺轮（照片）
（摄于中国丝绸博物馆）

一　生产状况

汉初，统治者推行"休养生息"的政策，逐步恢复因战乱而遭到破坏的农业生产，告诫百官劝课农桑，以农桑为本。社会环境的安定祥和使浙江包括桑蚕在内的农业生产得到了更大的发展，《淮南子·原道训》载："於越生葛絺"，从东汉哲学家王充的著作中，也可以窥见当时会稽地区蚕织生产发展的情况。王充出身于上虞"细族孤门"，家庭"以农桑为业"。① 这使得他从小就耳濡目染家人的各种蚕织生产，非常熟悉种桑、养蚕、织绣等工作，所以后来他在阐述自己学术思想的时候，通常深入浅出地用农桑生产来比喻。如提到桑麻业在人们生活中的地位时，他在《论衡》中说："喻大以小，推民家事，以睹王廷之义，庐宅

---

① 《论衡·自纪篇》。

始成，桑麻才有，居之历岁，子孙相续。"为破除"天人感应"和鬼神妖异之说，他在《论衡》中做了这样的比喻："桑有蝎"是"灾变之情"，"恒女之手，纺绩织纴，如或奇能，织锦刺绣，名曰卓殊，不复与恒女科矣"。这些虽是王充作为论证提出的，但也反映了当地丝织业蓬勃发展的现状，说明不仅王充家里种桑养蚕，附近百姓亦多蚕织，并且工艺已经非常成熟，人们在生产实践中积累了不少知识和经验。

西周、秦汉时期，丝绸生产量很少时，普通的平民百姓只有到年纪老的时候，才可以穿上丝绸做的衣服。《孟子·尽心章》载："五亩之宅，树墙下以桑，匹妇蚕之，则老者足以衣帛矣"，"五十非帛不煖"。到两汉时，丝绸产量大增，但统治者对百姓穿着丝绸还是加以限制的，但是，富豪大贾们"男不耕耘，女不蚕织，衣必文采，履丝曳缟"。① 从古籍的记载可知，汉代浙江民间以丝绸为服装逐渐普遍起来。

当时所产纺织物已经进入流通领域，《后汉书·朱儁传》记述了会稽上虞人朱儁用丝织品缯帛为友还债的故事：朱儁"少孤，母尝贩缯为业。儁以孝养致名，为县门下书佐，好义轻财，乡闾敬之"。当时正好遇上同郡人周规"假郡库钱百万"，官府督责其还债，但是周规家贫无力偿还，"儁乃窃母缯帛，为规解对。母既失产业，深患责之"。这个故事反映了会稽一带，不仅蚕织较盛，有贩卖巨额缯帛的商人，而且丝织物在民间市场流通，具有等同货币的价值，证明了汉代农村家庭丝织的生产形势。

汉代浙江地区还以出产越布著名，《后汉书·陆续传》记载："会稽产越布，陆续常喜著越布单衣，光武见而好之。自

---

① 《汉书·食货志》。

是，常敕会稽郡献越布。"《后汉书·明德马皇后纪》记载：皇后"各赐王……白越三千端"。李贤著："白越，越布。"可见越布已成为会稽等郡的贡品了。

汉代浙江地区丝织业的发展使得丝织品在日常生活中的应用已比较普遍，浙江省发掘的汉墓中就有丝织品的痕迹。1958年在杭州古荡发掘出一座汉墓，墓主"朱乐昌夫妻两人使用的葬具都是朱漆的木棺，身上盖有丝织（或麻织）的被子"，[①] 经专家鉴定其为杭州之有丝绸的最早实例。

浙江龙游东华山汉墓出土的一批古钱币"大都成串放置，方孔内穿麻绳，有的还外裹绢帛"。[②] 这些发现成为研究汉代丝绸生产的宝贵资料。

与北方接壤的徐淮地区，出土的汉纺织画像石刻画了当时丝织生产的情况，与当地汉代桑蚕生产形式相吻合，反映了该地丝织业的繁荣。这一带汉墓中随葬丝织品数量也很大，根据墓中出土的情况和遣册记载，大致有：江苏连云港海州西汉霍贺墓墓主身着衣物25件，海州西汉侍其繇墓随葬衣物30件以上，海州西郭宝汉墓随葬衣物七十余件，东海尹湾6号墓随葬衣物70件，2号墓50件，仪征胥浦101号墓25件。这些衣物质地有绢、绮纱等，惜多腐烂无存。[③] 从这些相邻地区出土文物的记载中可以推见，汉代浙江地区丝绸生产也应是非常发达的。

汉末三国时期，杭州属东吴。吴主孙权将发展蚕桑丝绸作为"解救民生凋敝，赡军足国"的重要举措。吴赤乌三年（240），

---

① 浙江省文物管理委员会：《杭州古荡汉代朱乐昌墓清理简报》，《考古》1959年第3期。

② 朱士生：《浙江龙游县东华山汉墓》，《考古》1993年第4期。

③ 见邹厚本《江苏考古五十年》，南京出版社2000年版，第246页。

孙权下诏："当农桑时以役事扰民者，举以正闻。"① 规定在农桑养蚕季节，不准以徭役等事骚扰农民生产。左思在《吴都赋》中记载了当时繁荣的景象：东吴是"谷帛如山，稻田沃野，民无饥岁，所谓金城汤池，强富之国也"，出现了"国税再熟之稻，乡贡八蚕之绵"的繁荣局面。

二　对外交流

随着长江下游江南丝绸生产的发展，汉朝与日本等国交流和贸易的加强，便利的水路交通也将丝绸带出了国外。西汉哀帝年间，中国的丝织物和技术就已经通过朝鲜半岛传入日本。据日本人内田星美在《日本纺织技术史》中的记载，秦代江浙一带有兄弟二人东渡日本，向日本人传授养蚕、织绸和制衣方法。日本传统的服装"吴服"，就是用三国时杭州输入的丝绸和方法制作的，大约也在此时，丝绸提花和刻板印花技术从江南传入日本。日本人佐藤真在《杭州之蚕织业》一文中称："3 世纪初，从吴国去日本的人很多，其中有著名的织工和裁缝，日本人称之为'吴织'，杭州为日本丝织物的始祖，到日本聚集的地方亦称'吴原'，从杭州输入的丝织品叫'吴服'。"

虽然目前浙江地区尚无汉代丝绸出土实物保存，但我们从相关的文献记载中还是可以窥见当时生产发展的繁荣情况，汉代以后浙江地区的丝织业得到了长足发展，至宋代发展成为江南地区丝绸业的中心。

---

① 《三国志》卷四十七，《吴书·吴主传》。

第七章

漆　　器

一　出土概况

　　1954 年浙江省文管会在杭州市葛岭汉墓发掘出红色的漆器。[1]

　　1955 年 11 月至 1956 年中期，浙江省文物管理委员会、浙江省博物馆等单位组成的文物工作组在宁波市西南郊祖关山、老龙湾一带清理了西汉木椁墓和东汉的竖穴墓，出土的漆器有：花纹精美的漆耳杯一对，杯内有隶书"宜酒"，有漆盒、漆木梳、漆戒尺。[2]（参见图 80）

　　1958 年 10 月，浙江省文物管理委员会在杭州西郊古荡清理了朱乐昌夫妻合葬墓等汉代土坑墓 2 座，出土有部分漆器。墓葬的西边葬一人，头部东边放一朱漆盒子，里边装着铜镜，推测为墓主朱乐昌；墓的东边亦葬一人，铜镜放于朱漆盒中，位于头部的西边，推测为其妻子。夫妻两人使用的葬具都是华丽的朱漆木棺。在朱乐昌腰间佩有铜剑、铁剑、铁刀和弩机等武器，铜矛、

---

　　① 见浙江省文管会《浙江省文管会清理了杭州的十几座汉墓》，《文物参考资料》1955 年第 2 期，第 151 页。

　　② 见浙江省文管会《宁波地区发掘的古墓葬和古文化遗址》，《文物参考资料》1956 年第 4 期，第 81 页。

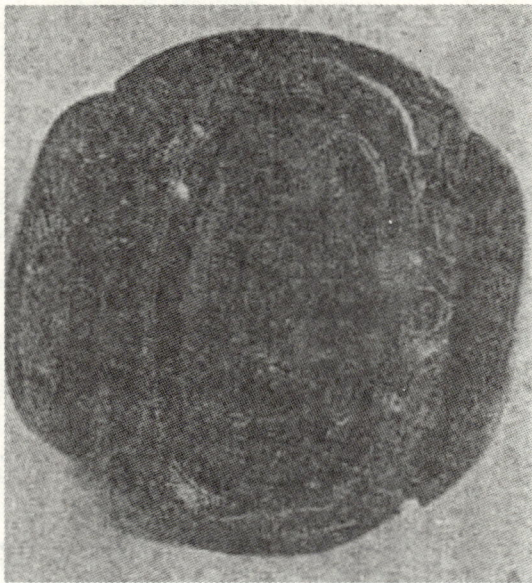

图 80　汉代漆耳杯（照片）

浙江省文管会：《宁波地区发掘的古墓葬和古文化遗址》，《文物参
考资料》1956 年第 4 期。

铁戟分放在尸体左右，其中的铁戟有铜鐏，无内，器面上涂朱红
漆。①

　　1979 年上半年，衢州市文管会对浙江龙游县东华山北端的
汉墓进行发掘，M14 中随葬品置于西侧，东侧置棺，留有明显的
棺木腐烂的炭化痕迹及黑色漆皮。②

---

　　① 　见浙江省文物管理委员会《杭州古荡汉代朱乐昌墓清理简报》，《考古》
1959 年第 3 期，第 150 页。
　　② 　见崔成实《衢州市东华山汉墓发掘简报》，《浙江省文物考古所学刊》，文物
出版社 1993 年版，第 85 页。

1979 年浙江衢州龙游县东华山汉墓出土漆器一览表

墓号	时代	随葬漆器情况
M10	西汉晚	漆案、铜盆已朽
M11	西汉中	漆奁已朽
M14	西汉晚	漆器、铜盆已朽

老虎山位于余姚市城南约 4 公里的明伟乡姚家店村南侧，在土坑墓 D1M14 清理中，棺木位置发现漆皮痕迹，表明当时木棺施漆。[①]

1984 年 3—9 月，浙江省文物考古研究所对浙江上虞凤凰山古墓葬进行发掘，汉以后的墓葬均与山脊呈垂直走向，墓口面向开阔处，汉墓主要分布在李家山和野猫墩。其中第一期 8 座墓均为长方形深土坑墓，长 2.4—3.1 米，宽 1.5—2 米，墓内有残留的漆棺片。[②]

1985—1986 年湖州市博物馆等考古工作人员在浙江省湖州市杨家埠发掘古墓葬，在 D3M4 中发现墓坑的西南角有少量棺木板灰，另有一块长 0.5 米，宽 0.2 米的红色漆皮。D8M3 墓中葬具已腐朽，仅发现少量板灰和红色漆皮痕迹。D5M6 墓中发现在板灰前端处有对称分布两侧的红色漆皮，直径约 0.2 米，呈圆形，可能是漆器。D2M2 墓中，在西端发现一块漆器的残片。D3M3 墓西端处有一条长 0.5 米、宽 0.2 米的长方形红漆皮。D3M6 墓在墓室西部距棺木板灰 0.16 米处有一直径为 0.2 米的

①　见浙江省文物考古研究所《余姚老虎山一号墩发掘》，《沪杭甬高速公路考古报告》，文物出版社 2002 年版，第 51 页。

②　见浙江省文物考古研究所、上虞县文物管理所《浙江上虞凤凰山古墓葬发掘报告》，《浙江省文物考古研究所学刊——建所十周年纪念（1980—1990）》，科学出版社 1993 年版，第 206 页。

圆形红漆皮，在南侧有一长 0.56 米、宽 0.16 米的长方形红漆皮，可能是两件已腐朽的漆器。D3M8 墓中在铜镜边上有漆器痕迹，推测可能是一件漆奁。D3M12 墓棺木板灰表面有部分漆皮，在铜洗的南侧有一片大红漆皮，推测原有 1 件漆器。D3M14 墓，在碗、剖瓦的西面发现有一长 0.1 米、宽 0.08 米的大红漆皮。D3M16 墓发现有漆器一件，所出铜镜置于漆奁内，漆奁仅存漆皮，上有红、黑的同心圆，直径约 0.15 米。D3M17 墓在钵的边上有一块漆皮，属腐烂的漆器所致。在 D5M11 墓中葬具已腐朽，残存少量的板灰和漆皮。D5M2 墓中仅在南端发现少量的板灰和朱红色漆皮。D6M1 墓中在墓的东端发现零星漆皮。D8M2 墓在墓底发现有较多零碎的红色漆皮和少量的板灰痕迹。D9M2 墓在墓坑南面发现好几块朱砂痕迹，朱砂表面有一层紫红色漆皮，估计当时的朱砂放在漆器之内。D14M3 墓中墓室南侧残留有不规整的漆皮和较明显的木椁板灰痕迹，在头厢中有一块长 0.9 米、宽 0.3 米的漆皮，疑为 1 件漆器。[①]

1986 年初，浙江大学在老和山下的石璧山，浙江省文物考古研究所对老和山古墓葬进行抢救性发掘，M68 的随葬器物中有漆奁 1 件，圆形，仅存黑色漆痕，无法起取，铜镜原是置放在奁内。[②]

1986 年，象山县文管会在县城丹城镇西门外矮山东坡清理了一座东汉墓（编号浙象 M2），墓室内棺椁已无存，仅见零星红色漆皮和铁钉锈屑。人骨架仅存长约 0.3 厘米的一段上肢条骨位于墓室中前部铁刀旁，随葬品中，环首铁刀和青铜器置于墓室中前部，铁刀一件，锈蚀严重，残为数段。环首，连木鞘全长约

① 见浙江省文物考古研究所、湖州市博物馆《浙江省湖州市杨家埠古墓发掘报告》，《浙江省文物考古研究所学刊》，2005 年版，第 142 页。
② 见浙江省文物考古研究所《浙江省杭州市老和山汉墓发掘报告》，《浙江省文物考古研究所学刊》，2005 年版，第 311 页。

0.93 米，宽 0.033 米，柄厚 0.013 米。木鞘髹黑漆，离首端 0.2 厘米处似有铜格。[①]

1987—1989 年期间龙游县博物馆进行第二次清理发掘，1989 年清理的墓葬中可见朱色和黑色漆皮，据各墓坑底部板灰和漆皮的分布状况推断，随葬器物主要陈列于椁内边厢，或陈放于椁内头厢。89 龙东 M28 安放木棺处有很厚的黑色板灰和朱色、黑色漆皮，内随葬铜镜、铜削、玻璃珠及钱币。87 龙东 M2 木棺只存朽后的灰色板和朱色漆皮。[②]

1992 年 4—7 月，浙江省文物考古研究所对上虞牛头山古墓葬群进行发掘，在竖穴土坑墓 M23 中，铜镜与石黛板的底部有细节纹及朽木残迹，墓底还散见几处红漆皮。[③]

1996 年 4 月，浙江省博物馆文物保护实验室接收到 5 件浙江绍兴陶堰出土的东汉漆器，器物均为素木胎，表面髹以朱漆或本漆，除 1 件漆案保存相对较完整外，其余 4 件耳杯残损均较严重。[④]

1998 年 3 月下旬至 7 月中旬，浙江省文物考古研究所对方家山上的 32 座汉墓进行发掘。规模较大的墓葬不仅有棺，棺髹漆，棺外尚砌有木椁，并分厢，多数墓仅有侧边厢，少数还设有头厢。M28 的边厢内，瓿、壶等釉陶器的外壁或器内附着红色漆皮。M27 头厢内的漆器已朽蚀。M31 内随葬的漆器也已朽蚀。[⑤]

---

① 见象山县文管会夏乃平《浙江象山县清理一座东汉墓》，《考古》1977 年第 7 期，第 86 页。

② 朱士生：《浙江龙游县东华山汉墓》，《考古》1993 年第 4 期，第 330 页。

③ 见浙江省文物考古研究所《上虞牛头山古墓葬发掘》，《沪杭甬高速公路考古报告》，文物出版社 2002 年版，第 127 页。

④ 见浙江省博物馆《绍兴陶堰出土东汉漆器的醇——醚法稳定研究》，《东方博物》第 2 辑，浙江大学出版社 1998 年版，第 286 页。

⑤ 见浙江省文物考古研究所《浙江湖州市方家山第三号墩汉墓》，《考古》2002 年第 1 期，第 34 页。

二　器型装饰

（一）器型

1. 葬具、生活用品

浙江气候潮湿，汉墓中许多葬具或随葬用品大都腐朽，只剩漆皮，不同于陶器等器物还保存较为完整，从漆器的规模、位置及与出土器物的相对位置，可以获取一些漆器的情况：浙江出土的汉代漆器器型的规格形制齐全，包含了漆棺等葬具，漆案、漆碗、漆奁、耳杯等随葬日常生活用品。这些可以由漆器残留的漆皮位置及大小推断。尤其在贵族墓葬中漆器已成为普遍的随葬品。在棺椁内部常放置小型的漆器，如漆奁等，存放铜镜、朱砂等日常的化妆梳洗用品，不仅在女性墓葬中出现，在男性的棺椁中也出现置于漆奁的铜镜，可见贵族生活的奢华腐朽至死不变。方家山上汉墓群中 M28 的边厢内，瓿、壶等釉陶器的外壁或器内附着红色漆皮，有两种可能，一为漆器残朽，漆残片落于随葬的食具中，二为此类器物也髹漆。

2. 兵器

在男性棺椁中出现了器面上涂朱红漆铁刀，连环首的木鞘，长度约 0.93 米，木鞘髹黑漆，离首端 0.2 米处似有铜格。随身陪葬的兵器起到一定的辟邪作用，辟邪之物要不易腐朽，如玉器等，故随身佩戴的辟邪器物上需要髹漆。

（二）图案

浙江汉代遗存的漆器多有菱形、涡旋、凤鸟、同心圆等纹样。

从宁波出土的漆耳杯的装饰来看，沿袭了楚人对凤的尊崇。楚文化中及湖北全省及江苏、安徽二省的大部，南有湖南全省及江西、浙江的部分区域。浙江处于越地，楚地的漆器制作工艺或漆器用品传到越地，对浙江汉代漆器的器物形制或功用产生了深远的影响。

　　楚文化崇尚自由活泼的精神、无拘无束的想象。漆器装饰的纹样，如流云纹、凤鸟纹、几何纹等进行二方连续、四方连续等组合方式，在写实的基础上进行大胆的夸张，给人一种气韵流动的酣畅之感，体现一种浪漫蓬勃的气象，与汉代整体蓬勃向上的社会风貌相吻合。

　　凤纹是汉代器物装饰的主要纹样之一，《说文·鸟部》注"凤，神鸟也"，"见则天下大安宁"。凤是寓以吉祥的神物，体现了当时人们追求升仙的思想。涡旋、同心圆等纹样更增强了凤在云气中翻腾的神秘感，同心可作为云纹的几何化的变形，同样体现了层叠的云的特征。

（三）色彩

　　由以上出土的漆器情况可知，浙江漆器多以黑色和朱红色为主，其中也不乏紫红色等多样的色彩。在色彩的组合上，不是单一的纯色运用，而多为黑色与朱红的组合交叉使用，虽然具体的出土器物不多，但从随葬品中漆器痕常红黑色同时存在可推测得出。且在湖州市杨家埠发掘古墓葬中，D3M16墓发现的漆奁仅存漆皮，上有红、黑的同心圆，直径约0.15米，在漆器细节纹样的处理上，都精心采用了红、黑的搭配方式。

　　红黑两色是中华民族的传统色彩，黑色是漆经过氧化以后形成酱油色，调入碳粉等变成"漆黑"，常由于氧化或髹饰的遍数及时间长短不同，形成深浅不一、层次丰富的黑色，秦制崇尚黑色，汉初便沿袭下来，黑色代表了很高的地位。而红色的漆器常是调入朱砂制作所得，在墓葬中出现红色常有辟邪和象征鲜血、期待重生等寓意，体现了汉代追求长生的思想。由汉代漆器作为随葬品的墓多属于贵族墓葬，红黑两色器物也在一定程度上体现了贵族气质，起到了辟邪功能。

从出土的漆器色彩来看，日常生活中的漆器也是以红黑二色为主，因为墓室生活场景是日常生活的投影。"凡遵守周礼尚赤的人和族称为华人，通称诸华。"[①] 华人对红色的崇尚有历史渊源可寻，且红黑色彩的搭配使用产生稳定与和谐感，体现中华民族追求和谐、中庸的色彩搭配观念。

（四）功能

漆在随葬的器物中发挥了防护的功能。漆从实用的角度出发，能够减少铁器的氧化锈蚀与木器的朽蚀，起到保护的作用。对于瓿、壶等釉陶器的外壁或器内附着红色漆皮，用漆来髹饰釉陶器是由于漆器作为比较贵重的器物，并不可能都用真实的漆器代替，在当时工艺水平或经济条件的局限下，用髹漆的釉陶器等作为替代品；漆就起到了坚固器物与丰富色彩、增强器物美观的作用。

漆被用来髹饰在器物（铁器、木器等）上，改变了器物的原色，调节器物色彩，创造缤纷绚丽的汉代器物世界。在浙江出土的漆器残片可见漆器多红黑二色，两色搭配艳丽、大方，呈现浓郁的贵族气质。

三　工艺思想

浙江汉代漆器体现高度的"人性化"特色。

王家树先生将数千年的中国工艺美术归纳为"天"、"命"、

---

① 　范文澜：《中国通史》，人民出版社 1978 年版。

"人"、"花"四个时代，汉代就是人的时代，汉朝实行宽松政策，注重人、关心人，人成为艺术表现的主题，被称为"人之道时期"。

对人重视的思想同样体现在漆器中，宁波出土的漆耳杯呈椭圆形，两边有月牙形耳，中心装饰有凤鸟，四周装饰有二方连续呈菱形帷幔状的云纹纹样，耳上也饰呈菱形交叉的云纹，灵活运用对比、对称、均衡等手法，给人一种凤鸟在缭绕云气包围中的升腾之美。此耳杯画面依器型需要而精心设计，采用适形纹样与二方连续纹样巧妙结合，营造美妙的艺术气氛，达到赏心悦目的境地，增加饮酒的情趣。并且在器型的设计上也是非常的美观、实用：椭圆形的杯口配以流线型的月牙双耳，线条流畅，双耳方便饮酒时的抓握；椭圆形盆，口沿浅，底部厚，重心下沉，较为稳定，便于端执、饮用；在耳杯的中心还刻绘有隶书"宜酒"二字，就是提醒开怀畅饮的人要注意适可而止。可见此耳杯的设计追求以人为本，根据人体的舒适度进行设计。

在汉代的其他漆器中也是如此，小至简单的梳篦、日常碗碟，大至桌几等都体现了"人性化"的设计意图。梳篦上常常适形而雕绘有生动的纹样（如田自秉先生在《中国工艺美术史》中列举的梳篦），马王堆3号墓出土的折叠漆几，可以根据需要进行高低不同的调整，矮的适用于席地而坐，高的则适合人的高坐或站立，且可以根据需要调节长方形几面四周的月牙板。

漆器在浙江汉代墓葬中出土数量较多，说明当时制造漆器的工艺水平较高，有着良好的社会基础。

第八章

陶　　瓷

　　浙江陶瓷制作和陶瓷工艺具有悠久的历史和传统，是青瓷的发源地。早在新石器时代，这里就有了制陶遗存。西周到春秋战国时期，印纹陶和原始瓷器主要流行在长江中下游地区。战国时，浙江境内已经有发达的原始瓷生产，"并在西汉到东汉早、中期的三百年间，获得了迅速的发展，终于在东汉中晚期由原始瓷发展成为瓷器，取得了我国陶瓷生产上划时代的伟大成就"。①东汉越窑的陶瓷器烧制的规模十分宏大，制作工艺成熟，使用和流通的区域广泛，上虞成为我国早期瓷器生产的中心，汉代浙江陶瓷艺术的兴盛以越窑青瓷的成功烧成作为标志。

一　出土概况

　　发掘的东汉越窑窑址，上虞有联江帐子山、凌胡图箕岙、倒转岗、石浦龙池、庙后山、小仙坛、大陆岙等七处，据浙江省文管会和上虞文化馆联合调查，在上虞县境内发现自东汉中期到宋代的陶瓷窑遗址两百余处，内有汉窑四十余处，"这些瓷窑分布在大顶尖山、龙松岭、凤山、大湖岙和四峰山等地，

---

①　朱伯谦：《朱伯谦论文集》，紫禁城出版社 1990 年版，第 18 页。

形成五个大的窑址群"。① 上虞位于杭州湾南，山河相间、风景
秀美，曹娥江流经全境，水运交通十分便利，境内蕴藏着大量
优厚的瓷土资源，瓷土含铁量 2% 左右，遍布的树林，也提供
了丰富的燃料资源，这是上虞越窑成为中国瓷器发源地得天独
厚的条件。

余姚也有丰富的陶瓷资源，在"历山九缸岭和上林湖，均
发现有东汉瓷窑，其产品种类与东汉墓葬中出土瓷器基本吻
合"。②

在慈溪、宁波市郊郭岙、永嘉县东岸的窑址，发现有成熟
的东汉青瓷器，有的还有明确纪年，如"延熹七年（164）"纪
年墓发现了麻布纹四系青瓷罐，"熹平五年"纪年墓和"初平元
年（190）"纪年墓都出土了有年代可考的青瓷罐，又如上虞蒿
坝"永初三年（109）"墓、奉化白杜"熹平四年（175）"墓，
分别出土了"锺、罐和五联罐、井等器物"，③ 其他很多地方，
尤其是宁绍、杭嘉湖、金衢三大地区都发掘出了丰富的汉代陶瓷
器，如湖州方家山第一号墩 13 座汉墓出土百余件陶器、诸暨次
坞珠稼坞村 M1 东汉墓、余杭也出土有青瓷扁壶，④ 海宁长安镇
汉画像石墓出土有成套的泥质灰陶奠器、海盐龙潭港发掘的 8 座
汉墓随葬物品有鼎、盒、壶、瓿、罐、罍等硬陶器等。⑤

"至迟在东汉晚期，浙江地区已能成功地烧制出瓷器制品，

① 冯先铭：《中国陶瓷史》，文物出版社 1982 年版，第 126 页。

② 叶树望：《余姚文物图录》，香港天马图书有限公司 2002 年版，第 3 页。

③ 徐定宝：《越窑青瓷文化史》，人民出版社 2001 年版，第 11 页。

④ 见黎毓馨《浙江两汉墓葬的发展轨迹》，《东方博物》，杭州大学出版社 2003 年版。

⑤ 见海盐县博物馆《浙江海盐龙潭港遗址汉墓发掘简报》，《东方博物》，杭州大学出版社 2003 年版，第 9 期。

从而结束了我国瓷器发展过程中的发育期",① 从此中国成为瓷器的故乡。浙江青瓷的出现，改写了我国陶瓷史和世界陶瓷史，从此，"中国古瓷深入到世界各民族的生活、宗教、建筑、生产以及文化艺术等各个领域，对人类文明作出了巨大贡献"。②

二 类别

浙江汉代的陶瓷器，可以根据造型、组合、装饰工艺等的不同，划分为西汉、东汉陶瓷。

（一）西汉陶器、原始瓷

1. 类别与特征

西汉早期的陶瓷器，有原始瓷器和陶釉制品，也有灰陶、印纹陶和日用夹砂陶，这时的原始瓷品种主要有瓿、鼎、壶、盒、锺、罐等，大多是仿制礼器，墓内随葬陶器（釉陶器、硬陶器）的基本组合为鼎、罍、盒、壶、瓿、罐，而以鼎、盒为代表的礼器虽然已经明显减少，但随葬仍比较普遍。西汉陶器是以黏土为原料烧制成的器物，陶器的烧制温度一般不超过摄氏 1000 度，胎质比较松软，器表一般无釉或只涂有低温釉，故具有吸水性、敲击之声浑浊等特点，以实用器居多。灰陶和印纹陶的广泛使用，也说明陶瓷用品逐渐走向民间，成为人们生活中越来越多的使用品，这推动了陶瓷的生产和流通量，促使生产规模日渐扩大，生产工艺日益提高。

越窑的生产并不是按照正常规律而发展下去。由于楚越战争

---

① 冯先铭：《中国陶瓷史》，文物出版社 1982 年版，第 106 页。
② 李刚：《青瓷风韵》，浙江人民美术出版社 1999 年版，第 13 页。

的影响和破坏，曾经一度出现中断，但实际上越窑烧制的工艺和传统并没有完全断绝，在以后又受到楚文化和中原文化的影响，于汉初前后重新恢复了陶瓷生产，从而烧制出一种从成型到施釉、到装饰都与古越有别的原始瓷器来。

器型类别大致如下：

鼎、盒：以西汉早、中期最为流行，且多是偶数随葬，早期的鼎呈兽蹄形，高三足、耳高翘、耳根突出，盖子呈球面稍平，如余姚文物保护管理所藏一件釉陶鼎；[①] 西汉中期，鼎的双耳和足短直，以后，盖纽也变为乳钉状，同时，施釉的部位减缩，有的完全就不施釉，在晚期，有耳无足的鼎成为它的形态，在制作工艺上也不如以往精细；往后，象征礼制的鼎、盒逐渐消失，为其他器型所替代，壶、瓿、罐、罍、钫、奁、盆、勺等日常生活用具急剧增多，生产更注重实用。[②]

壶、盘口壶：我们一般把敞口或喇叭口罐叫"壶"。汉初的瓷壶，口微外侈，颈部长，肩斜鼓，有"人"字型对称的双耳，下圈足矮；西汉中期，颈部变短，腹部加深，圈足为平底，双耳堆贴铺首；晚期，平底、素面的敞口壶及小口壶，较有特征。喇叭口壶的消失时间应在稍后的王莽时期，因为砖椁墓内或与之年代相当的木椁墓中，出土的往往是盘口壶，杭州古荡"朱乐昌"墓还出土过"投壶"。

瓿：西汉时期形态变化很多，一直延续到东汉早期，砖椁墓中还有发现，器型与罐接近。早期的瓿，平唇短直口，扁圆腹，肩有对称双耳，高出器物口，下有扁平三足；中期，耳降低肩增

---

① 见余姚文物保护管理所《余姚文物图录》，香港天马图书有限公司 2002 年版，第 32 页。

② 见朱伯谦《朱伯谦论文集》，紫禁城出版社 1990 年版，第 21 页。

高，下三足消失，晚期，形体高大，形如大罐，很明显，其实用性增强了，如余姚文物保护管理所藏一件青黄釉瓿。[①]

罐、罍：西汉中期，从汉武帝"行五铢钱"开始，陶器的种类明显增多，这说明民间的实用需求明显增加了。罐，西汉时期以直口为主要特征，与商周时期印纹硬陶一脉相传，罐器表面拍印致密的席纹，器型端庄、大方，饰纹细致；西汉晚期，罍的数量大为增加。湖州方家山汉墓出土的154件陶器中，罐器等54件，已占陶器总数的1/3以上，就是在王莽时期，这两种器物所占比重仍然很大；西汉末年新出现的器种有双唇（口）罐，考古报告中多称之为"泡菜罐"，其学名叫"菹罂"，是一种腌制酸菜的特制容器，在上虞、龙游、萧山等地多有发现。[②]

明器及其他器物：西汉晚期，出现大量以现实生活实用器具为模型的明器葬品随葬，还出现了牛、马等动物造型和生活建筑模型等原始青瓷明器，动物造型尚粗放，艺术性简朴，建筑式样为生活楼屋式样，如龙游和安吉的少数西汉中期较大的木椁墓内出土有动物陶塑、圈栏模型，还随葬钫、尊、卮和豆形灯，形态多样的熏炉也有发现，熏炉的盖面一般以立鸟作钮，而人们日常实用器物的灶、井的模型明器也常被用来随葬，一起出土的还有釜、甑、盆、汲桶等附属物。

原始瓷在西汉中晚期随着社会的发展日益繁盛，并成熟起来，在浙江地区广为流行，并影响到境外。

2. 墓葬组合形制

浙江汉墓出土的陶瓷器，存在一种比较明确的种类、组合、

---

① 见余姚文物保护管理所《余姚文物图录》，香港天马图书有限公司2002年版，第32页。

② 见黎毓馨《浙江两汉墓葬的发展轨迹》，《东方博物》，杭州大学出版社2003年版。

形式的发展演变关系，这是与墓葬形制和汉代丧葬制度的发展密切相关的。"丧葬作为意识形态的产物，与人类社会的发展密切联系在一起，并由生产关系的性质所决定，为其他上层建筑所制约，并随着经济基础和整个社会制度的变化而变化。"①西汉墓出土的陶瓷在组合上与东汉墓葬的组合形制不同，陶瓷器包括釉陶器、硬陶器、泥质陶器、原始瓷器，其基本种类组合为鼎、盒、壶、瓿，这在整个西汉时期都是最为常见的墓内随葬品，并具有不同的器物特征。如 20 世纪 50 年代在宁波火车站一带发掘的西汉时期墓，以陶鼎、盒、壶、瓿为基本组合，大多器物以偶数配置；余姚、湖州、诸暨、义乌、萧山、安吉等博物馆均藏有西汉早期墓出土的器物；王莽时期，鼎和盒两种仿铜礼器已经消失了。

（二）东汉陶瓷

1. 类别和特征

东汉早期，上虞的窑厂还以烧制陶器为主，在上虞大尖顶山发掘 11 个窑厂，出土的产品有甒、瓿、罐、壶、盆等，其中甒、瓿还属于印纹陶制品，罐、壶、盆等物尚应该属于陶器，制作粗糙，坯胎质地松软，气孔较多；② 凤山窑群的五处窑场，部分印纹陶已经开始采用瓷土，原始瓷比例增加，器形开始丰富起来，有壶、锺、罐、盆、盘、耳杯、五联罐等，盘口壶、罐等日常生活用器和耳杯、盘、案、勺、樽等新出现的成套奠器，其中酱色釉制品占较大比例，一般器型规整，胎壁较薄，釉层增厚，釉面光润，制作精细，质量较好。从考古资料可以看出，越窑的分

---

① 徐吉军：《长江流域的丧葬》，湖北教育出版社 2004 年版，第 2 页。
② 见冯先铭《中国陶瓷史》，文物出版社 1982 年版，第 126 页。

布，主要是"在浙江东北部杭州湾南岸绍兴、上虞、余姚、慈溪至宁波鄞县一带广大地区"，[①]东汉晚期，这一带主要是上虞区域的越窑，利用当地优良的瓷土和丰富的木材，以及水力资源，烧造出了成熟的青瓷器。成熟的青瓷器在上虞的烧成，在中国乃至世界陶瓷史上，都具有划时代的意义，青瓷是在古越人民长期烧制印纹硬陶的基础上发展而来的，用以替代青铜器的礼器或日用器皿。由于青瓷就地取材，制作简便，成本低廉，造型、成色与青铜器十分相似，所以迅速发展起来，成为青铜器最好的替代品。

东汉陶瓷的基本种类为盘口壶（锺）、罐、杯、盘、案、勺和尊等奠器，也有灶、井、虎子、折肩罐、锺、系罐等器物。

盘口壶：盛行在东汉时期。在西汉晚期，盘口壶已经作为新品种从壶类中分化出来，但在壶类器物中所占的比例并不大，盘口较明显，圈足比较高，有的在口颈处做一条棱线，东汉时棱线突出、口颈斜直，接近盘口式样，进入东汉后，它取代喇叭口壶的位置，成为随葬陶瓷器中最主要的品种。如浙江上虞出土的一件原始瓷盘口壶，十分典型，斜肩有一对叶脉纹，腹部为圆球形，平底，颈部饰一水波纹，自肩至上腹部有3道等距离凹陷纹，下腹部有7道粗凹陷纹。施釉不及底，釉层较厚，釉色青黄，明亮清澈，表面有光泽。肩部釉下刻有"熹平年"（东汉灵帝年号）。[②]

罐：有系罐、直口罐、敛口罐、堆塑罐等，东汉中期的罐，出土数量很多，系罐体态简约、深沉大方，是汉代浙江陶瓷器一

---

① 李家治：《从工艺技术论越窑青釉瓷兴衰》，《浙江省文物考古研究所学刊·2002越窑国际学术研讨会专辑》，杭州出版社，第252页。

② 见吴战垒《东汉熹平年款青瓷盘口壶》，《浙江省文物考古研究所学刊》，长征出版社1997年版，第308页。

个主要的器型，多数为直口平唇，肩设双系或者四系，上腹呈圆弧曲线外型，下部斜收成平底，其中以四系罐最多，肩部凸起，肩设四个等距离的横系，系孔扁小。在东汉许多大、中型墓葬中出土过成熟的青瓷器系罐，如浙江省上虞县百官镇出土的青釉水波纹四系罐，属于一件典型的器物；到了东汉晚期，罐肩腹多饰麻布纹，双竖系变为四横系，如慈溪市博物馆所藏一青瓷罐，敛口、溜肩、鼓腹、平底，为腹多饰麻布纹、肩塑四系，釉色清淡不及底；奉化文管所藏熹平四年（175）青瓷罐，敛口、斜肩、折腹、平底，肩部堆贴绳纹并交叉为网格状，交叉点塑为乳钉，施釉不及底，造型规整，这是一件成熟瓷器的代表作。[①]（参见图 81）

图 81 东汉青瓷罐（照片 熹平四年）

徐定宝：《越窑青瓷文化史》，人民出版社 2001 年版，第 21 页。

---

① 见徐定宝《越窑青瓷文化史》，人民出版社 2001 年版，第 21 页。

堆塑罐（五联罐）：东汉中期出现了极具地方特色的魂瓶五联罐，也叫五管瓶，以宁绍地区发现最为集中。堆塑罐来源于明器谷仓，在上虞驿亭谢家岸后头山 M11 东汉墓出土的一件堆塑罐为四管瓶，造型别致，应该是堆塑罐的早期形态。浙江省博物馆藏一件青釉塔式罐，青淡黄釉，造型为早期堆塑罐，堆塑罐也有施黑釉的，如杭州的一件黑釉五管瓶也比较典型，^① 其他如绍兴漓渚 M206 汉墓也出土了东汉中期纪年墓中常见的冥器五管瓶、武义县博物馆藏的东汉婺州窑青瓷塔式罐、奉化白杜一座纪年"熹平四年（175）"的东汉墓中出土的一件残五联罐等等，仅仅在浙江发掘出土的汉代堆塑罐已经有三十余件。

其他的器型有：瓶，浙江省博物馆藏一件瓶，小口、长颈、扁腹、段足圈外撇，足有两道凹陷纹，青黄色釉，是一件难得的作品；盘，大都直口斜壁，浅壁腹大底，而且往往与青瓷耳杯相配，是一种承托器具；碗，弧壁平底，腹部较深，容量较大，这些饮食器皿和容器造型的大量出现，表明当时原始青瓷的制作已转向经济实用，碗的造型可分为两种：一种是口缘极薄，深腹平底，碗壁圆弧，似一个半球形，另一种是口缘微敛，上腹稍鼓，下腹弧向内收的平底碗；^② 灶，在这时期十分流行，灶像船形，鄞县藏一件灶，后灶眼上放置有釜、甑，前有小罐，前端有一小三角烟孔，灶门半圆形，施釉清淡、光亮、不及底，这是一件非常精美的明器；虎子，虎子在东汉中期的纪年墓内开始出现，形态生动可爱，如余姚文物保护管理所藏一件釉陶虎子、^③ 上虞市文管所藏的褐釉虎子等；^④ 奠器，设奠用器，这是东汉中晚期墓

---

① 见马时雍《杭州的考古》，杭州出版社 2004 年版，第 101 页。
② 见冯先铭《中国陶瓷史》，文物出版社 1982 年版，第 129 页。
③ 见叶树望《余姚文物图录》，香港天马图书有限公司 2002 年版，第 34 页。
④ 见李刚《青瓷风韵》，浙江人民美术出版社 1999 年版，第 146 页。

最主要的随葬器物，主要有杯、盘、案、勺、尊等祭奠用器，多数属于仿造早期漆器或仿青铜器，如海宁汉墓出土一套奠器，上面涂红彩；锺，浅盘口、高圈足、部分圈足有孔的锺，作为新出现的品种，东汉早期在宁绍、杭嘉湖地区的砖椁墓中经常出土，大有取代盘口壶之势，在上虞等地的东汉中期纪年墓中也可见到，其形态与汉墓中常出土的铜锺相近，鄞县出土的一件青瓷"王尊"铭文锺（鄞县文管会藏），高 9 厘米，口径 3.6 厘米，腹围 7 厘米，假圈足、直口圆腹、釉色淡青，外底刻有隶书"王尊"二字，该器为东汉时期成熟青瓷的代表作之一；[①] 其他较为少见的器类，有折肩罐、三足环耳罐、圈足盆等，模仿铜斗的陶斗在某些墓内也有发现，往往安放在腹部设有横的火盆上面。

在浙江的绍兴、宁波、鄞县、奉化、海宁、海盐、嘉兴等地的东汉墓和遗址中，也都发现了大量的东汉青瓷器，多为常用的生活用品，有盆、盏、钵、碗、盘、耳杯、熏炉、砚台、水盂等器物。

2. 墓葬组合形制

设奠用的奠器是东汉中晚期墓最主要的随葬器物。发现墓葬有杯、盘、案、勺、尊等奠器的出现，如海宁长安镇东汉画像石墓出土的几套泥质灰陶奠器，通体磨光后器表涂朱红；东汉中期及以后，时局战乱，室墓大多被盗，随葬的陶瓷器已不齐全，出土常见的有灶、井、五联罐，还有折肩罐、三足环耳罐、圈足盆等；陶斗也有发现，如诸暨次坞珠稼坞村 M1 出土的陶魁及余姚发现的"朱连有"釉陶魁，在折肩罐的肩部或口沿安装了曲柄状捉手，甚为罕见；浅盘口、高圈足、部分圈足有孔的锺，作为

---

① 　见徐定宝《越窑青瓷文化史》，人民出版社 2001 年版，第 20 页。

新出现的品种，东汉早期在宁绍、杭嘉湖地区的砖椁墓中经常出土，在上虞等地的东汉中期纪年墓中也可见到，其形态与汉墓中常出土的铜锺相近。

三　艺术特征

总体上看，浙江汉代陶瓷器造型简约、质朴大方，通体仪态深沉，釉色青素高雅，"堪称古代瓷器中的君子瓷"，[①] 青瓷艺术质高形美，造型、装饰、釉色均具有高度的艺术价值。

（一）造型

西汉陶瓷的造型端正庄严，制作工艺精美，而东汉的陶瓷造型简约、质朴大方，有对称和平衡的形式，相对于西汉，东汉造型是明显趋向实用性的。

西汉早期原始瓷器大都是仿青铜礼器，在制作工艺上也比较精美，反映了汉人在精神上的一种追求。西汉陶瓷造型上，器型规整、讲究对称、圆中寓方、构成满实，工艺细致，风格沉静、形态庄严，带着原始陶瓷神秘的宗教气氛，体现了汉人对于造型整体的精神气质和艺术造型上的把握，如汉鼎礼器，形象似乎是经过精心锤炼而出，在器物上面部位施青釉，而系罐，双系罐、四系罐以及盘口壶、瓿也是这样的造型；西汉中期，先前仿制礼器的形状已经不如从前，施青釉的部位缩小或者完全不施青釉，制作的精细程度也不比过去，中期以后，有的器型上粘贴的扁泥条饰纹，用凸纹代替了过去的线刻弦纹，有的上面出现了堆塑手法，这是一种艺术表现手法的进步。而东汉的陶瓷造型风格简

---

① 李刚：《青瓷风韵》，浙江人民美术出版社 1999 年版，第 153 页。

约，质朴大方（参见图 82），器型讲究规整和对称，但又很注重对比和调和，所以看起来既工整、端庄，也显得灵活、实用，实用性比西汉大大增强。艺术形式讲究对称和平衡一直是陶瓷艺术的基本审美理念，讲究视觉上的对称平衡和谐的关系。东汉的陶

图 82　东汉越窑青瓷罐（照片）

李刚：《青瓷风韵》，浙江人民美术出版社 1999 年版，第 19 页。

瓷器造型更加注重实用和审美的结合，譬如堆塑罐造型，在保持了器型工整的平衡关系以外，还注重对比关系的调整，堆塑的造型并不在中轴线做严格的对称构成，而是形态多样，注重造型达到视觉上的平衡，给人以意味深长的审美感受，再如虎子造型，其身上根据结构的不同刻画有不同方向的条纹，造型元素既统一又富有变化，使得虎子的艺术造型生动活泼，十分可爱（参见

图 83）。这些丰富的艺术造型说明，在东汉随着社会的稳定和经济的发展，陶瓷器需求和生产规模的扩大，陶瓷业已经成为一种新兴手工业，陶瓷器物越来越多为民间使用，造型又受社会的实用功能的影响，呈现出更大的实用性，艺术构思也更加丰富起来，这是民间匠人们创造力和制作能力提高的体现。

图 83　东汉褐釉虎子（照片）

李刚：《青瓷风韵》，浙江人民美术出版社 1999 年版，第 146 页。

（二）装饰

1. 装饰纹样

西汉陶器、原始青瓷的装饰纹样比较简朴，一般器物上都只饰以简单的弦纹或水波纹，未见繁杂的装饰纹样，线纹还带有明显的印纹硬陶特征，器物的拍印纹样精美细致；西汉中期以后，出现了凸弦纹和刻画的水波纹、云气纹等曲线纹，曲线纹线条柔和流畅，有流云浮动之感；晚期，礼器类逐渐消失，而壶、罐、钣、盆、勺等日用制品急剧增多，陶瓷更多走向了实用，装饰风格上也更加简朴、单纯、大方；东汉陶瓷艺术的装饰纹样依旧是弦纹、水波纹居多，与原始青瓷一脉相承，用泥条盘筑法造型的器物，外表仍然拍印有布纹、网格纹等纹样，类似印纹陶图案，但是毕竟东汉的瓷器艺术与印纹陶、原始瓷的相承关系从原始瓷发展而来，"走出了划时代的一步"。①

2. 堆塑手法

堆塑，就是指陶瓷工匠们在制作陶瓷坯胎时，以手工制作具有一定立体空间的模型，或者用捏、贴、塑、模印等不同手法，制作出罐耳、系以及人物、动物模型、楼台亭阁模具等，在罐器物坯体之上进行造型的手法，再将器物施釉和进行烧制。堆塑手法是继西汉的装饰手法而丰富起来的，早期的陶瓷器上塑贴有凸泥条和铺首形象，后来发展到大量堆塑动物、人物形象，如余姚文管所藏一件釉陶兽把舀水器，② 形体上根据器型结构的不同体面刻画着粗细不同的弦纹和水波纹，而在期口一侧凸立着一个动物形象的泥塑把手，既美观又实用，给人以深刻印象。这种堆塑手法在其他诸多陶瓷造型上都有体现，如原始瓷壶，汉代有不少的原始瓷器壶、系罐、锺等，肩上常常带有系，系上或者有装饰花纹或者粘贴有小泥条、泥饼，既美观又实用，绍兴出土的一件原始瓷壶，在系的上部堆贴有小泥饼样铺首；青瓷锺，上虞出土的一件青瓷锺，系上刻画有网状装饰纹样，既实用又美观；酱釉三足尊，上虞博物馆藏一件酱釉三足尊，侈口、三足、溜肩鼓腹，腹部贴三个模印的铺首，是件难得的珍品；③ 并，上虞博物

---

① 朱伯谦：《朱伯谦论文集》，紫禁城出版社1990年版，第30页。
② 见叶树望《余姚文物图录》，香港天马图书有限公司2002年版，第33页。
③ 见徐定宝《越窑青瓷文化史》，人民出版社2001年版，第22页。

馆藏一件酱釉水井，高 24 厘米，口径 11.2 厘米，底径 11.1 厘米，直口、矮颈、上腹微鼓、深腹、平底，口沿到上腹部有三道弦纹和堆绳纹，交叉处塑乳钉；[①] 同墓出土的一件绳纹井，敛口、斜肩、简腹，粘贴在肩部的扁条形绳纹交叉成网形，交叉点为乳钉；香熏，衢州东华山汉墓出土了两件有堆塑造型的釉陶香熏；香熏器型如带盖碗，一件在盖子上面有双层塔形钮，另一件钮为一层，在钮的上面堆塑有鸟形，同样在余姚老虎山一号墩出土的一件原始瓷香熏，塔形钮上堆塑有几只鸟形，与上海福泉山西汉墓出土的相类似，而余姚造型的要早很多。堆塑手法在以后又发展到直接塑造现实生活的场景，出现了生动独特的陶瓷造型，如前文介绍的堆塑罐。

上虞东汉墓葬出土的一件胡俑（上虞市文管所藏）（参见图 84），高 19.5 厘米，表面施黑釉，戴异国尖顶帽子，帽子前后左右各刻画一条缝合缀纹线，帽子后面有两条系带，面目上塑造有高鼻子、络腮胡，双目正视；[②] 浙江省博物馆藏一件堆塑罐，在五个罐上都塑造有高鼻梁、高额头的胡人形象等。由此可以看出，汉墓发掘的人物造像，不仅有来自现实的人物，也有胡俑，说明汉代浙江是个中西交融频繁的地区。考古发现，不少汉墓葬出土随葬有陶瓷人俑，人物造型在汉代已经成为艺术表现的常见题材了，这在以后众多的陶瓷人物造像上都得到了印证。

汉代陶瓷艺术中，动物的造型丰富多彩，声情并茂，是艺术造型中奇异的一支。汉代的陶瓷工匠擅长用各种动物作为装饰，或者把整个器物做成动物的样子，动物在汉代人的意识中，是升天成仙的吉祥物，另一方面具有辟邪驱恶的作用，这在汉画像石

---

① 见徐定宝《越窑青瓷文化史》，人民出版社 2001 年版，第 24 页。
② 见李刚《青瓷风韵》，浙江人民美术出版社 1999 年版，第 65 页。

图 84　东汉黑釉胡俑头（照片）

李刚：《青瓷风韵》，浙江人民美术出版社 1999 年版，第 65 页。

艺术里是非常多见的，作为随葬俑也广有发现。早在西汉中期的墓葬里，已经出现了专门为随葬制作的陶质动物明器，多是猪、狗、羊、鸡等的家禽，龙游和安吉的少数西汉中期木椁墓内随葬有动物陶塑、圈栏模型，出土的熏炉的盖面有立鸟作钮；鄞县文管会藏的五联罐，堆塑着羊、龟、飞鸟、狗、马等的形象；堆塑罐上动物造型多是鸟的造型，鸟是古越人的崇拜对象，在古代宁绍地区的民俗里，鸟是常常被赋予神性加以膜拜的动物，所以鸟的造型很多，在浙江上虞出土的一件青瓷鸟型魁，腹部塑造一鸟象形，舒展双翅，另侧鸟尾做手柄，是一件优美的工艺品；余姚老虎山汉墓出土的一件香熏，在盖子顶部的钮上，堆塑着一只大鸟，展翅欲飞，在其下的塔式体上，还分别堆塑着三只和四只小鸟（参见图85）；堆塑罐上更是堆塑着大量的、各种姿态的、生动有趣的鸟，有的矗立在罐盖中央，有的飞落在罐口周围，有的挺立在阁楼亭台，有的站立在罐肩部，有很多是根据空间安排的需要，穿插堆塑在不同地方，这种空间的自由性赋予工匠们自如地进行创作，留下了丰富的堆塑罐艺术造型，这种鸟的图腾，也是当时人民美好企愿的象征。

图85　东汉香熏（照片　余姚老虎山出土）

浙江省文物考古研究所：《沪杭甬高速公路考古报告》，文物出版社2002年版，图版二二。

其他常见的动物造型还有：虎子，汉虎子造型多稚拙可爱，上虞驮山东汉墓葬出土一件硬陶茧形虎子，造像为虎蹲状，腹部塑造饱满，身上有水波纹，四足短，背上有一绳状提梁，提梁上有刻纹，头仰天长啸，神态威武，同墓群还有一件釉陶虎子，身材魁伟，身上刻画交叉线纹，头下部前胸刻画十字交叉线纹，虎头侧视，与器身成直角，张嘴吼叫，神态威严，这个造像是一个典型造像，六朝时期很多虎子造像多有此型；熊形兽，浙江上虞东汉墓葬出土的一件大型黑釉熊形灯，额部有"大吉羊"三字，作为一种吉祥物塑造而来，熊在古代被认为是一种凶猛的野兽，常用以比喻勇士，作为力量的象征，同时又是一种吉祥兽，像《诗经·小雅》中就有"维熊维罴，男子之祥"的诗句，把熊做成灯具，颇有趣味，巧夺天工（参见图86）；羊、马等，吉祥的象征，自古以来是人类豢养的六畜之一，古人以为羊性情驯良，形容清俏，"群而不党，跪乳有家"，是一种祥瑞动物，受人崇尚，意趣深远，象征人们的良好祝愿。马也是家畜之一；衢州东华山汉墓，出土有动物模型 12 件，有猪、马等动物明器；有一件陶马的造型，稚拙可爱，长长的脸上，眼睛很有神，双耳似在聆听什么，粗壮而矮实的腿，看起来令人喜爱。

（三）色釉

浙江汉代青瓷艺术，是我国古代灿烂文化的重要组成部分，它是汉代民间陶瓷工匠们表现生活的载体，是他们追求美、向往美、表现美的一种手段，凝聚着汉代人民的聪明才智和他们心里的审美意念，而青瓷独特的色釉美感，传达出汉人一种美好精神的向往，也是我们民族心理和民族精神一个质朴的审美标准，陶瓷艺术映射出的是中华民族那浑厚悠久的文化艺术与历史。

青瓷色釉，纯然天色，青色是自然的颜色，素净于感官、愉

图 86　东汉黑釉熊形灯盏（照片）

马时雍：《杭州的考古》，杭州出版社 2004 年版，第 101 页。

悦于心灵，这种天然色彩的美感传达出一种美好精神的享受和向往（图 87）。青是我国古代传统五色青、赤、黄、黑、白之首，青所指的是青色、青绿色，青色的寓意之多，反映了古人对青色的一种审美意识。越窑青瓷之釉是自然原始的青釉素色，极少色彩装饰，这凝聚着人们对大自然色彩审美的认识和感悟，在釉色上追求青素典雅的艺术效果，展现出自然素净之美，在陶瓷史上可以看出，特别是晚唐五代，越瓷重归简约的造型和素净釉色，而备受人们尊崇，这说明，青瓷艺术是永恒的艺术形式，可以穿越时代的界限而独领风骚。青瓷艺术正是遵循着质朴自然、简约的艺术风格，而在简约中却能最明确地体现出艺术高深的境界。

图 87 东汉越窑青瓷罐（照片）

李刚：《青瓷风韵》，浙江人民美术出版社 1999 年版，第 40 页。

　　浙江地区首先成功烧制出了成熟的青瓷。釉的发明与使用，是瓷器发生的必要条件，东汉青瓷是以高岭土做胎，在胎表施以含有二价铁元素的石灰釉，在 1200 摄氏度以上的高温还原焰中烧制，形成以青绿色为主色调的传统瓷器，施釉多采用的是浸釉法，釉层厚匀、平整，富有光泽，有着玻璃釉的光学美感，釉层出现的是清新宜人的青色，原始瓷的釉色多呈黄绿色或青灰色，青瓷更追求釉色之韵味。由商周原始青瓷发展至东汉成熟的青瓷器，是我国陶瓷工艺的一大飞跃，施青釉技术是传统制作工艺上的进步，有独特的审美意义。在六朝时期，青瓷的产地仍然是以浙江越窑（今浙江东北部地区）为中心，并向南、向西辐射到瓯窑、婺州窑、均山窑、德清窑，以致整个长江中下游地区的浙江、江苏、福建、江西、湖北、湖南、四川等，在唐宋时期达到鼎盛，从而形成了所谓"南青北白"的局面。①

　　青瓷是我国古代文明最具典型性和艺术性的代表之一，它那简约、典雅的审美理念影响深远，凝结着浙江汉人的勤劳和智慧。

　　汉瓷还有黑釉瓷，东汉中晚期，在上虞和宁波的东汉窑址有黑釉瓷的烧成，② 这些窑场发掘的黑釉瓷，瓷胎质地细而坚实，胎色灰褐色或者红褐色，施釉淡黑色，釉层均匀，釉胎结合致密，经测试吸水率等指数均达到瓷器的水平，这种深色的酱色釉瓷器也叫黑釉瓷，器型有盘口壶、五联罐、系罐、盘、碗、洗等，胎骨坚硬、烧结程度较好，多数釉层厚，有一定光泽度，酱色釉看起来坚实、耐用，加上取材和烧制工艺相对容易，因此酱色釉陶有较大的实用价值。酱色釉陶的出现无疑是汉陶瓷器的一个新生品种，它也是汉代黑釉瓷的早期形态，浙江地区尤其上虞、慈溪一带的瓷土，氧化铁的含量与温州、永嘉等地不同，所以瓷土的差异是造成不同地区瓷器制品的胎质和釉色不同的主要原因，根据对上虞东汉黑釉瓷的考察，浙江早在1800余年前的东汉时期已烧制黑釉瓷，黑釉瓷造型尚简单，其器型一般是较大的简单器物，多以壶、罐、瓿、罍等为多，器表的施釉不到底部，且厚度不匀，多是褐绿色或者黑色，胎色深紫，有的内壁涂一层薄红褐色料，黑釉瓷同样是汉代陶瓷艺术中重要的成就之一，它扩展了瓷土的运用和器物的多样性，"是东汉窑业手工业者的一个创新，为东汉晚期黑釉瓷器的产生，打下了良好的基础"，③ 黑瓷釉色深沉、质朴，和青瓷相同，是中国陶瓷艺术中的珍品。

---

① 见李刚《青瓷风韵》，浙江人民美术出版社1999年版，第27页。
② 见冯先铭《中国陶瓷史》，文物出版社1982年版，第129页。
③ 朱伯谦：《朱伯谦论文集》，紫禁城出版社1990年版，第24页。

第九章

玉　　器

一　出土概况

杭州市老和山汉墓发掘出土绿松石管、[①] 玛瑙耳铛。[②] 鄞县高钱古墓发掘出土玛瑙耳铛。[③] 德清县凤凰山画像石墓发掘出土玉猪。[④] 嘉兴东汉墓出土有玉剑。[⑤] 宁波地区发掘的古墓葬和古文化遗址出土有玉剑饰。[⑥] 绍兴漓渚东汉墓出土有玛瑙坠。[⑦] 淳

[①] 见《浙江省杭州市老和山汉墓发掘报告》西汉中期墓 M68 出土有一件绿松石管，圆管型中空，对钻孔，管长 1.9 厘米、直径 0.9 厘米。浙江省文物考古研究所：《浙江省文物考古研究所学刊》第 7 辑，杭州出版社 2005 年版，第 326 页。

[②] 见《浙江省杭州市老和山汉墓发掘报告》东汉早期墓 M155 出土玛瑙耳铛两件，腰鼓形状。浙江省文物考古研究所：《浙江省文物考古研究所学刊》第 7 辑，杭州出版社 2005 年版，第 382 页。

[③] 见《浙江省鄞县高钱古墓发掘报告》M24 出土玛瑙耳铛两件。浙江省文物考古研究所：《浙江省文物考古研究所学刊》第 7 辑，杭州出版社 2005 年版，第 428 页。

[④] 见《浙江省德清县凤凰山画像石墓发掘简报》东汉晚期墓 M1 出土玉猪一件，全体晶莹发亮，大多呈乳白色，部分黄绿色、松斑和鱼子点。浙江省文物考古研究所：《浙江省文物考古研究所学刊》第 7 辑，杭州出版社 2005 年版，第 441 页。

[⑤] 见汪大铁《浙江嘉兴发现东汉墓葬》，《文物参考资料》1955 年第 10 期，第 126 页。

[⑥] 见赵人俊《宁波地区发掘的古墓葬和古文化遗址》，《文物参考资料》1956 年第 4 期，第 82 页。

[⑦] 见浙江省文物管理委员会《浙江绍兴漓渚东汉墓发掘简报》，《考古通讯》1957 年第 2 期，第 10 页。

安县赋溪乡文物清理时出土有玛瑙。① 杭州古荡汉代朱乐昌墓清理时出土有玉饰、水晶珠。② 龙游县东华山汉墓出土有玻璃璧、玻璃珠。③ 安吉县上马山西汉墓出土玉璧。④ 湖州方家山汉墓群也出土少量玉器。⑤ 余姚老虎山一号墩出土玉璧、玦、剑首、腰形玉饰、水晶环等。⑥ 上虞牛头山出土有玉珠等。⑦ 上虞驮山出土玉串珠、玻璃串珠各一串。⑧

二 造型分类

根据浙江省各地发掘出土的汉代玉器，可以看到这一时期有多种风格存在，主要的类型分为：一是礼玉类，有玉璧、玉圭、玉璜，在出土器物中亦偶见玉环、玉瑗、玉琮之类，但已不作为礼器使用；二是丧葬玉类，玉覆面、玉含、玉握及九窍塞。这里所说的丧葬玉器是专指殓尸用的玉器，其他所有随葬玉器不在其

---

① 见新安江水库考古工作队《浙江淳安县赋溪乡文物清理简报》，《文物参考资料》1958 年第 10 期，第 46 页。

② 见浙江省文物管理委员会《杭州古荡汉代朱乐昌墓清理简报》，《考古》1959 年第 3 期，第 152 页（玉饰、水晶珠，汉代）。

③ 见朱士生《浙江龙游县东华山汉墓》，《考古》1993 年第 4 期，第 340 页（玻璃璧 1、玻璃珠 89，西汉晚期）。

④ 见安吉县博物馆《浙江安吉县上马山西汉墓的发掘》，《考古》1996 年第 7 期，第 46 页（玉璧 2）。

⑤ 见黎毓馨《湖州方家山汉墓群》，《中国考古学年鉴·1999》，文物出版社 2001 年版，第 176 页。

⑥ 见陈元甫《余姚老虎山一号墩发掘》，浙江省文物考古研究所：《沪杭甬高速公路考古报告》，文物出版社 2002 年版。

⑦ 见将乐平《上虞牛头山古墓葬发掘》，浙江省文物考古研究所：《沪杭甬高速公路考古报告》，文物出版社 2002 年版。

⑧ 见黎毓馨《上虞驮山古墓葬发掘》，浙江省文物考古研究所：《沪杭甬高速公路考古报告》，文物出版社 2002 年版。

中。汉时原有周秦祀神习俗之基础，更受到楚文化鬼巫迷信之浸染，丧葬用玉几乎达到无所不用其极，古往今来厚葬之风无有超过汉代者；三是装饰玉类，由于儒家学术走向正统地位，玉德思想大为盛行，极大地促进了装饰用玉的发展。汉之装饰用玉分为人身装饰和器物装饰两类。人身装饰玉器品种有单件玉佩、单件玉饰、玉组佩、玉觽、玉带钩、玉冲牙、玉王真、玉竹开、玉珠、玉管、玉喋、心形佩等；四是玉器艺术品类，主要是以动物造型的玉器为主；五是玉器实用品类。[①]

三　制作工艺

从艺术造型和制作工艺上来看，浙江地区的玉器制品主要继承了史前良渚文化、马家浜文化中玉器的艺术思想，但另一方面也受到了中原文化的冲击和楚文化的影响。还受到这一地区特有的民族习俗、自然条件以及人文因素影响，造成了玉器制品的特殊性、独立性。

玉质和雕刻工艺都能显现出人们对玉的特殊认识。上虞驮山出土的玉串珠和玻璃串珠等能体现汉代这一地区人们对玉的深刻认识，其中玉串珠 50 颗，外表呈银白色，中间有 0.2 厘米的小孔，表面略已风化，有扁圆柱形和瓜棱形两种，扁圆柱形，高 0.5 厘米、直径 0.4 厘米，瓜棱形，俯视如梅花瓣状，高 0.6 厘米、直径 0.8 厘米。玻璃串珠 80 颗，外表呈淡蓝色，扁圆状，直径 0.5 厘米、孔径 0.3 厘米、高 0.2 厘米。还有余姚老虎山其中一座汉墓出土的玦，翠绿色，两面平整，侧面呈弧形。（参见

①　见姚士奇《中国玉文化》，玉器篇，《承秦续楚，崇神信巫的艺术天地——汉代玉器》，凤凰出版社 2004 年版。

图 88）出土的剑首白玉质，扁薄圆饼形，向外的一面雕饰外凸的云气状阳纹。（参见图 89）另一座汉墓出土水晶环呈肉白色，为玉髓质地，近透明状。（参见图 90）这些玉器都具有精美的玉质和刻纹，是这一时期人们制玉水平的体现。

德清县凤凰山画像石墓出土玉猪一件，全体晶莹发亮，大多呈乳白色，部分黄绿色、松斑和鱼子点。先磨光后刻，不几刀就刻出猪之俯卧姿态。棱角分明，线条深刻，刀笔健劲，头上尾下各有一小孔刻穿绳，长 10 厘米、宽 0.9—1.8 厘米、高 1.5 厘米。该玉猪造型精美，神态逼真，线条简练，反映当时高超的玉器制造工艺。一般来说，玉猪只出现在两类玉器中，一是葬玉、一是生肖玉，玉猪在很大程度上是以葬玉中的"握玉"出现的，

图 88　东汉玉玦（照片　余姚老虎山 D1M14 出土）

浙江省文物考古研究所：《沪杭甬高速公路考古报告》，文物出版社 2002 年版。

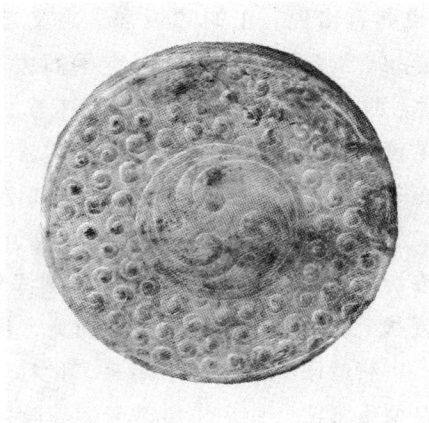

图 89　东汉玉剑首（照片　余姚老虎山 D1M14 出土）

浙江省文物考古研究所：《沪杭甬高速公路考古报告》，文物出版社
2002 年版。

图 90　东汉水晶环（照片　余姚老虎山 D1M12 出土）

浙江省文物考古研究所：《沪杭甬高速公路考古报告》，文物出版社
2002 年版。

在"含玉"中也偶有出现。正如"饭含"之义是不愿死者"空口而去","握"的含义是不愿死者"空手而去"。汉代以来的"握"多用玉猪。西汉早期的握玉,一般是玉璜,然而,西汉中期以后大部分的握玉就演变成玉猪,这大概包含了带走"财富"的含义。西汉玉猪较为写实,用料不太考究,东汉玉猪风格一改西汉写实倾向,而转为写意抽象,出土的玉猪,造型都非常简单,多为一块方形柱状的玉,平放的上部稍圆浑作为猪的背部,下部保持其平直状,作为腹部,一端稍尖为头,身上刻有几条凹线纹,分别显示出猪的眼、耳、口、足来,世称"汉八刀",成为汉代玉猪的典型琢磨法,使用玉质讲究,普遍采用新疆和田上好的白玉和青玉。① 凤凰山出土的玉猪玉质优美,刀工精练,符合"汉八刀"的特点,具体造型上趋于抽象化,而不再拘泥于写实外形,更注重死者握于手中的方便,而将其演化成细长的长方体。

在所有随葬玉器中,玉璧最具典型意义,在古代礼仪中的悠久历史和深刻的宗教内涵,对汉代政治背景和意识形态可以作出很好的映照。

安吉县上马山西汉墓出土了典型的圆形中孔玉璧两件。一件翠玉质,一面阳刻夔纹,一面云雷纹。另一件玉质翠白相间,肉内外边缘各刻一周弦纹,间有云雷纹,直径5.7厘米、厚0.5厘米。(图91)云雷纹是一种以连续的回旋形线条构成的几何图形,通常把用柔和的圆形回旋线条的纹饰称为云纹,把方折形的回旋条纹称为雷纹。云雷纹一般作为主体纹饰中的地纹,用于烘托主纹,使之产生华美繁缛的艺术效果。同一时期的铜镜、陶器和画像石中也有云雷纹的出现,画像石中往往作图像边框纹饰出

---

① 见华彬《古代玉猪》,《东南文化》2002年第4期。

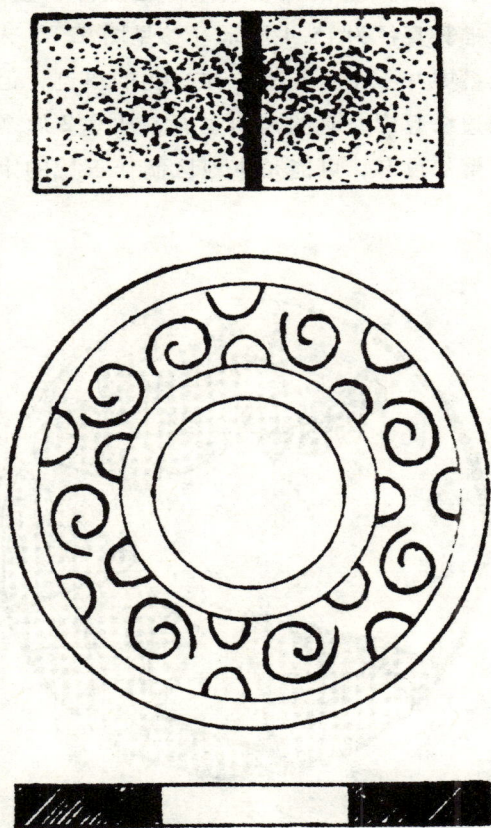

图 91　东汉玉璧（摹本　上马山西汉墓出土）

安吉县博物馆：《浙江安吉县上马山西汉墓的发掘》,《考古》1996 年第
7 期。

现，而铜镜中的云雷纹其运用方式同这块玉璧非常相近。这一方
面说明了玉璧具有一定的装饰作用，另一方面说明玉璧上所使用
的雕刻技艺同画像石、铜镜等其他汉代艺术形式相同。

　　龙游县东华山汉墓出土玻璃璧，已残碎，但能看到谷纹，呈翠绿色，推算直径为 15.4 厘米（参见图 92），未见廓，这在良渚文化玉璧中并不多见，有中原文化的痕迹，但中原出土的玉璧大多肉边缘起廓，有的肉内也有，从 0.2 厘米到数厘米不等，而此玉璧却没有，可能是本地区制作玉璧的审美差异和制作习惯不同。

图 92　东汉玻璃璧（摹本　东华山汉墓出土）

朱士生：《浙江龙游县东华山汉墓》，《考古》1993 年第 4 期。

　　古代的璧主要有两种，一种是玉璧，一种是玻璃璧。[①] 东华山出土的玻璃璧的形状和纹饰与典型的楚地玻璃璧非常相近，受楚风影响而制成。

————————

　　① 　见傅举有《晶莹如玉的玻璃璧》，《学习导报》2005 年第 1 期。

　　这一时期出土的玉器反映出当时人们的用玉习惯，不同的玉器造型代表了不同的文化意义，我们从这些造型和含义的联系中可以看出汉代人们对玉器的不同感情。

　　玉璧既作丧葬之用也作装饰器用，其祖型上溯自新石器时代的圆形玉斧和玉玲。在古代玉器当中，玉璧是最早完成从原始的生产工具向宗教礼器转化的器具之一。自玉璧问世以后，具有礼器的使用传统，从新石器时代到夏商周，再到先秦两汉，无论在哪一个朝代，在所有重大礼祭活动中都使用玉璧。在上古思想史中，玉璧的功能和"天"紧紧地联系在一起，它一能代天，二能通天，三能祭天，正所谓"礼神者，必像其类，璧圆以像天"，在所有的礼用玉器当中，它始终被排在第一位。

　　良渚文化中大量玉璧光滑素面，未见纹饰，甚至有些还可以看到切割断面的痕迹，并有大量玉璧叠放现象，这是墓主人财富和身份的象征。只有少数处于头部、背部、腹部等代表升仙和防止尸体腐烂的特殊位置，才使用具有精美刻纹的玉璧。这些都说明当时的工艺技巧不是不可以在每块玉璧上加工纹饰，而是由于更加注重"石"之美，把玉质本身作为其神圣高贵的主要特征。汉代浙江地区单个墓葬出土的玉璧数量并不多见，但"质量"却与良渚大不相同，凡出土玉璧均有精美刻纹饰之。余姚老虎山其中 D1M14 汉墓出土的青玉璧，个体较大、较薄，接近半透明状。通体抛光，做工细腻。肉部内外各有廓一周。两面均饰凸起的涡纹，其上阴刻卷云纹，卷云纹有的凸出部分较大，有的较平缓，因此，璧面也显得凹凸不平，同时还可隐约见到划分每个涡纹位置的暗菱形状网纹。直径 15.6 厘米、厚 0.4 厘米。（参见图 93）D1M1 汉墓出土玉璧一件，白玉，个体较大、较厚、通体抛光，做工细腻，肉部内外侧各有廓一周，两面均饰凸起的涡纹，其上再阴刻卷云纹，璧面凹凸不平。（参

见图94）D1M10汉墓出土青玉和白玉璧各一件，造型和图案都
与前两者类似，其中白玉璧个体较小，较厚，凸起的涡纹接近
乳钉状圆点纹。（参见图95）

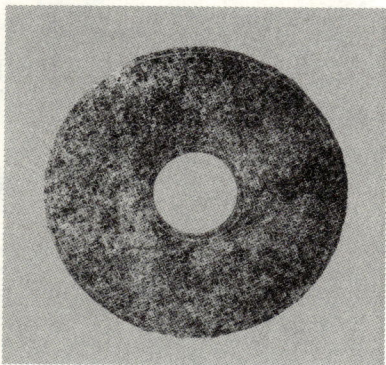

图93　东汉青玉璧（照片　余姚老虎山 D1M14 出土）

浙江省文物考古研究所：《沪杭甬高速公路考古报告》，文物出版社
2002年版。

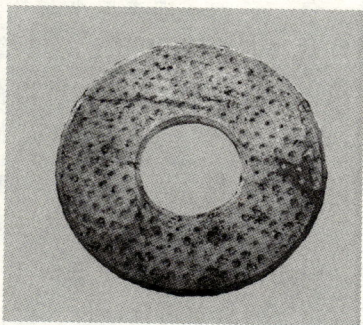

图94　东汉青玉璧（照片　余姚老虎山 D1M1 出土）

浙江省文物考古研究所：《沪杭甬高速公路考古报告》，文物出版社
2002年版。

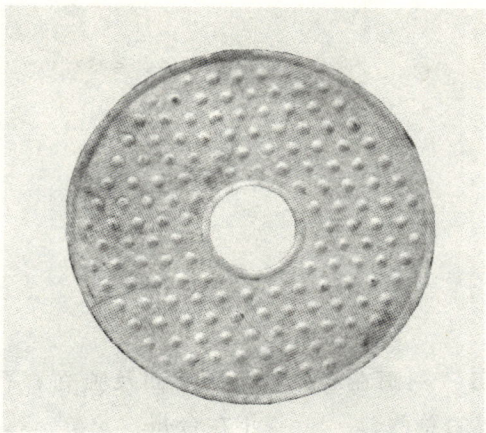

图 95 东汉青玉璧（照片 余姚老虎山 D1M10 出土）

浙江省文物考古研究所：《沪杭甬高速公路考古报告》，文物出版社 2002 年版。

汉代其他艺术品上也出现类似于玉璧上的花纹，可以说明这一时期人们对"石之美者"的"美"有些偏重于刻工之美、创造之美。这种形式的美已经把各种不同的艺术类型联结起来共同形成了汉画艺术的雕刻之美。

第十章

岩　　画

岩画是指"刻画在岩穴、石崖壁面及独立岩石上的彩画、线刻、浮雕等的总称"。[1] 近些年在台州、龙游、慈溪等地发现了一些岩画遗迹。因为缺乏古代历史文献的记载和田野考古发掘资料的参照，所以关于这些岩画刻凿的具体年代，至今尚无准确可靠的判断方法，只能是通过对岩画内容、刻凿方法、遗留痕迹以及颜料色泽等方面进行综合的分析和判断。

一　分布

（一）共和岩画

共和岩画位于台州市路桥区桐屿街道共和村茅草山南麓的一座小山坡上，岩画长 2 米，宽 4.8 米，由于主要画面位北朝南，分布在 10 米高的峭壁上，所以得以保存完好，画面为青苔覆盖。岩画形式抽象，"隐约可见的有戊形、人形、飞禽走兽、钱纹、太阳或八卦纹等图案"。[2] 其中，"戊"形兵器清晰可见。这些图

---

① 中国大百科全书总编辑委员会：《中国大百科全书·考古学》，中国大百科全书出版社 1994 年版，第 594 页。

② 陈友池：《共和岩画》，《路桥文物》（浙江地方文献丛书），2004 年版，第 20 页。

案使用单刀凿刻的方法刻画，顿挫呆板，线条粗犷，不规则，先秦考古专家根据使用工具、画面内容及风格，初步判定其为秦汉时期的岩画，[1] "至少晚不过秦汉至南朝时期"。[2] 画面两侧分别有用双刀刻画上去的字迹图案，左侧有 "秦" 或 "泰" 字形楷书，右侧有 "王" 字形图案，而且都是覆刻在画面上的，似乎后人所为。[3]（参见图96、图97）

（二）小方岩山岩画

在仙居县朱溪镇海拔500米的小方岩山上，共发现有3处岩画，总面积近50平方米，最大的一处约42平方米。据2002年中国美术学院教授王伯敏考证，这些岩画和广西、云南等地有着明显的不同，通过不规则的线条反映了江南百越先民的生活状态，图像表现得非常抽象，类似于狩猎的人与马、鹿等动物形象，给人以丰富的想象空间，但图形确切为何物，尚无定论。（图98）关于岩画的具体雕刻时间，王伯敏先生推断约在两汉至东晋时期。[4]

（三）上张乡西塘村岩画

在仙居县上张乡西塘村高山塘旁边山坡、大岩塔岗和冷水湾头的石壁上，"发现了迄今为止东南沿海涯面面积最大的巨型岩画"。[5] 其中以高山塘旁边山坡的岩画规模最大。这些岩画都位

---

① 见刘治浪《台州发现秦汉岩画》，《浙江日报》2003年5月28日。
② 陈友池：《共和岩画》，《路桥文物》（浙江地方文献丛书），2004年版，第20页。
③ 同上。
④ 见陈野《浙江绘画史》，杭州出版社2005年版，第47页。
⑤ 艾华丽：《仙居惊现东南沿海面积最大的巨型岩画》，《台州晚报》2007年3月24日。

图 96　台州共和钺形岩画（照片）

陈友池：《共和岩画》，《路桥文物》，浙江地方文献丛书，2004 年版。

图 97　台州共和走兽岩画（照片）

陈友池：《共和岩画》，《路桥文物》，浙江地方文献丛书，2004 年版。

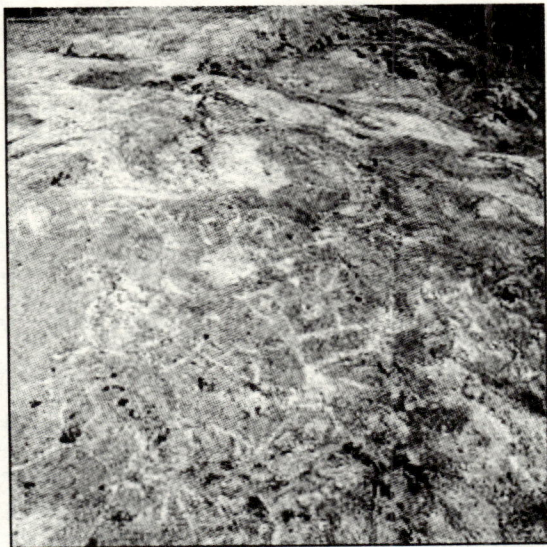

图 98　台州仙居小方岩山岩画（照片）

《浙江台州发现百越先民创作的岩画》，浙江省地理学会网站。

于海拔 600 米左右的石壁上，所以除了自然的风蚀之外几乎没有人为破坏痕迹，保存基本完整，雕刻的图案形象非常分明。

高山塘旁边山坡的岩画分布在近 1000 平方米的石壁上，图像丰富，形态各异。线条粗犷有力，图像清晰可辨的达到一百多幅，有蛇、棋盘、锄耙、房屋、柴刀、花等物象，画面之间疏密相间，分中有合，合中有连。其中小幅的只有十几平方厘米，而大幅的却有几米长，其中一幅像蛇的岩画有 2 米多长，而且雕刻线条很深，蛇头形象生动。[1] 经初步考证，"这些岩画可能是西

---

① 见朱汉多、周国平《仙居连续发现古越巨型岩画》，《台州日报》2007 年 4 月 11 日。

汉古越先民居于山区活动时留下的遗迹，距今有 2000 年左右的
历史，其风格与前几年在朱溪镇小方岩山发现的岩画相近"。①
此外，在冷水湾头岩画周围还发现了 3 个大小不等的臼状石窟，
具体用途还不明确，有待进一步考证。②

二　艺术分析

（一）造型特点

台州地区发现的岩画，大胆地以线条来表现物象的外轮廓，
而少细节处的精细刻画，质朴大气，具有符号化、抽象化的特
点，"创作者对物象的形体与体积以及对物象的质量等感觉，是
在线条的纵横、徐缓、飘逸中体现出来的"。③ 共和岩画中动物
造型非常生动，制作者抓住了动物在瞬间的动态特征，或昂首前
进，或低头俯视，线条微微有些颤抖凝涩，充满了稚拙的意趣。
小方岩山岩画更为抽象，仅凭借随意组成的不规则线条来描绘物
象的外形，可以辨识为牛、马或舞蹈的猎人形象。上张乡西塘村
岩画中的棋盘图案，方格排列均匀，线条平直流畅；长蛇图案，
蜿蜒曲折，刻痕很深，还将蛇吐出的信子清晰地刻画出来，栩栩
如生。这些岩画图像都是经过高度提炼、极其单纯的，由于刻画
在巨大的石壁上，所以画面之间没有任何界限，制作者可以根据
自己的想象自由发挥，画面空间处理也显得随心所欲，但基本都
是平面布置，没有透视关系。以古代有限的工具能够凿刻出如此

---

①　艾华丽：《仙居惊现东南沿海面积最大的巨型岩画》，《台州晚报》2007 年 3
月 24 日。
②　见周国平、詹萍《仙居又发现巨型岩画》，《台州商报》2007 年 3 月 31 日。
③　盖山林等：《内蒙古岩画的文化解读》，北京图书馆出版社 2002 年版，第
397 页。

精美的画面，无疑显示出了制作者的虔诚匠心，这些图案成为先民表达思想的特殊语言。

（二）文化内涵

浙江有着辉煌灿烂的文化，从台州地区发现的这几处岩画中，我们可以窥见这一地区先民生活的真实记录与历史文化信息。

共和岩画中出现的太阳图案，表现了先民的太阳崇拜意识。太阳崇拜是世界性的普遍现象，在内蒙古阴山岩画中，就有多处拜祭太阳的场景。《礼记·祭义》中记载："郊之祭，大报天而主日，配以月。夏后氏祭其暗，殷人祭其阳，周人祭日以朝及暗。"可见从夏代至商周，太阳是被作为主宰上天的神来崇拜的。共和岩画的太阳图案生动表现了先民原始宗教习俗。

"戊"形兵器图案，象征着神权，是宗教祭祀的具体体现。钺的起源最早可以追溯到旧石器时代，当时人们利用石料制成有刃的生产工具，良渚文化中出土的玉钺，形状和石钺相似。钺在商代以后便多作为礼仪、祭祀用器出现，《书经》中有："钺以金饰，王无自由之理，左杖以为仪耳。"而兽面、人面等纹样的大钺只有地位很高的贵族在正式庄重的场合才能使用。

上张乡西塘村岩画中的长蛇，表现了图腾崇拜。在中国古代，蛇往往化为传说中的龙，所以吴越之地的蛇崇拜也就是龙图腾崇拜。《管子》中描述："龙生于水，披五色而游，故神。欲小则如蚕，欲大则无藏于天下；欲上则凌于云气，欲下则入于深渊。"由此可见，在古人的想象中，龙属于爬行动物，像蛇，吴越先民熟悉水性，常在水中，故又把蛇当作保护神，如《说苑·奉使》："翦发文身，烂然成章，以像龙子者，将避水神也。"《吴越春秋》卷四中还有越国在自己的城门上立"木蛇"的记载:"越在巳位,其位蛇也,故南大门上有木蛇,北向首内,示越属于吴也。"在吴国的"大城"也有"蛇门",据说是"以象地户",为了"东并大越,越在东南,故立蛇门,以制敌国"。1981 年,在绍兴一座战国墓葬中出土了一批重要的青铜器,其中一件被称作"小阳燧"的铜器表面,装饰有"昂首舞爬的奔龙四条",在一件提梁三足盉的流、盖、提梁及足部雕有多达 56 条神态各异、大小不同的立雕兽首蛇,这些龙纹、蛇纹可以认为是当时的图腾崇拜在器物上的表现。

三 发展延续

岩画作为以特定的审美方式把握世界的艺术,有其自身的继承性和延续性。早在小方岩山岩画发现之前,有关仙居岩画在当地的方志中就有记载。在仙居县西淡竹乡韦羌山 128 米高的蝌蚪崖上,发现了可以辨识的日、虫、鱼、草等纹样。[①] 根据志书记载,东晋义熙年间,一位姓周的廷尉曾经"造飞梯以蜡摹之,然莫识其义",后来台州的守备阮铭和北宋时期的县令陈襄都专程前往观看,因为山高路陡,云雨晦暝,最终怅然而归。陈襄留诗感叹:"去年曾觅韦羌图,云有仙人古篆书。千尺石岩无路到,不知蝌蚪字何如。"时至 2004 年,在仙居县广度乡中央坑村五份头自然村又发现了摩崖石刻古文字,经专家初步鉴定为春秋战国时期古越族文字,距今至少有 2200 多年的历史。[②] 刻有越

---

① 见陈野《浙江绘画史》,杭州出版社 2005 年版,第 47 页。
② 见朱汉多、朱炳火《仙居发现春秋战国古越族文字》,《浙江日报》2004 年 3 月 2 日。

族文字的两块石壁都非常平整，其中一块刻有 4 字，字迹清晰；另一块由于风化严重，字迹已有些模糊，但笔画还依稀可以辨出。据专家分析，发现的越族文字与西淡竹乡韦羌山蝌蚪文有一定的联系，充分说明了这一地区是古越民族的活动区域，同时，这些越族文字与朱溪镇小方岩发现的岩画也有一定的联系。①

近几年在龙游、慈溪等地也发现了数量不等的岩画遗迹，初步考证年代都要晚于秦汉时期，这些岩画的发现展示出岩画这一艺术形式在浙江地区的发展延续。其中，龙游石洞窟规模很大，位于龙游县小南海镇石岩背村凤凰山，1992 年 6 月被发现，目前开发可见到的洞窟有 7 座（有两座没有正式开放）。"其中 1 号洞窟底部平面呈长方形……在洞口左侧所保留下来的阶梯走道的上方洞壁上，有被认为是马（作行走状）、鸟（仅有鸟头和鸟身）和鱼（仅有鱼头和鱼身，无尾部）的雕刻画像。"② 在洞窟开发初期，不慎将鸟的下部和鱼的上部破坏，图像虽残缺，但鸟和鱼的形态清晰可辨。在马的右下侧有一半圆形，其内隐约有"月"字，图像的序列为：最上边为奔马，左侧为鸟，右侧为半圆，最下面为鱼。关于该岩画的雕凿年代众说纷纭，尚无定论。据曹定云先生考证，其雕凿年代为南朝时期，并将其命名为"天马行空图"。③ 也有专家认为龙游石洞窟的开采年代上限在唐朝，下限可延至清代，至于图像，据当地村民说是 20 世纪 40—50 年代，逢大旱，有好事者乘船入洞时刻画的，即使为古代所刻，从其风格来

---

① 见朱汉多、朱炳火《仙居发现春秋战国古越族文字》，《浙江日报》2004 年 3 月 2 日。

② 龙游石洞窟研究课题组：《龙游石洞窟研究》，《东方博物》第 6 辑，浙江大学出版社 2002 年版，第 88 页。

③ 曹定云：《浙江龙游石窟"天马行空"图年代考》，《东方博物》第 16 辑，浙江大学出版社 2005 年版，第 6 页。

看，雕刻年代也绝不会早于唐朝。[①] 2 号洞窟的面积大约有 1400 平方米，洞窟底部面积较大，比较接近正方形，发现有一尊仅存人体躯干的石雕像。[②] 其余几座洞窟没有任何图像。

2004 年，在衢江边一座石窟的洞口上沿，发现了一处古人凿刻的岩画。岩画大约高 60 厘米、宽 120 厘米。右边为一只昂首的鸟和带祥云的太阳，太阳为一圆圈造型，圈内刻有"日"字。左边雕刻的是龙头马身的"龙马"，并在龙马的背腹部刻上翅膀及两根羽毛象征着两翼。所刻线条古朴、粗犷、原始，构图简洁，具有汉代风格。这些题材在汉代的出土文物中屡见不鲜，故该岩画凿刻的年代初步判断为汉代。[③] 龙游石窟 1 号洞西壁上刻的是月亮，而这里刻的是太阳，图像的相似性暗示着它们的内在联系与时间上的相近，但岩画的断代尚值得商榷。

1982 年，慈溪达蓬山上发现有一高 1.2 米、宽 3.5 米的岩画遗存，称为灵台岩画。岩画大致可以划分为六组画面：仙翁坐鹿图、海船图、人马过桥图、鱼跃龙门图、童孩喂驴图、四仙图（青龙、白虎、玄鸟、龟蛇）。另外岩画边上还有一巨块石岩，上部有雕刻痕迹，仅见头面局部，但能辨认出为神兽辟邪。有学者认为，图像以剔地浅浮雕的形式表现写实的内容，技术已相当进步，画面中的人物装束具有典型的元代风貌，加之元代为我国道教的极盛时期，当时的达蓬山道教活动兴旺，所以灵台岩画在此时期出现也在情理之中，也即达蓬山岩画的年代为元代。[④]

---

① 见龙游石洞窟研究课题组《龙游石洞窟研究》，《东方博物》第 6 辑，浙江大学出版社 2002 年版，第 95—96 页。

② 同上书，第 88 页。

③ 见朱士生《龙游石窟再现古代岩画》，《衢州日报》2004 年 3 月 19 日。

④ 见章均立《秦渡庵及其灵台岩画》，见宁波市考古博物馆学会、《浙东文化》编辑部编辑《浙东文化·资料汇编（四）》1997 年第 2 期，第 145—156 页。

综上所述，可以看出浙江汉代岩画源远流长，纵向上形成了浙江岩画前后承继发展的时间链条，横向上与浙江汉画像石、画像砖、铜镜、堆塑罐等雕刻艺术共同存在，丰富了浙江汉画的表现形式，记录了该时期的社会信仰与生活状况。

第十一章

王充的绘画思想

东汉初年，南方经济出现了很大发展，明、章、和帝时仍得以持续。江浙地区经济方面的迅速发展，极大地推动了南北文化的交融。上虞作为经济开发较早的地区，在这一时期出现了著名的唯物主义思想家——王充，其著作《论衡》中关于绘画方面有许多独到的见解。

王充（公元27至约79），字仲任，会稽上虞人。他生活的时代，东汉政权已经相对稳定，经济文化得到发展。在当时社会"罢黜百家，独尊儒术"的大背景下，加之谶纬之学弥漫，使这些语言与儒家经典经纬相织，儒家学说就此走上玄学化道路，当时人们的思想也被笼罩在"阴阳五行"、"天人合一"的层层神学迷雾中。① 各种神学思想的交织，造就了当时的艺术形态、表现形式充满了梦幻与现实结合的绘画题材。在孔孟儒学取得独尊地位的情况下，王充以反潮流的思想，提出"疾虚妄"的观点，在中国思想史上有着深远的影响。

---

① 见陈野《浙江绘画史》，杭州出版社 2005 年版，第 43 页。

一　绘画思想

王充在《论衡》一书中所阐明的绘画观点和美学思想在汉代绘画中有着重要地位。它和《淮南子》是汉代涉及画论主要的两部著作。《论衡》一书涉及了关于绘画方面的形式问题、功能问题和真实与美的问题（见于《无形篇》《别通篇》《超奇篇》等篇）。这不仅是对秦汉以来绘画思想的总结，更是对当时正统绘画思想提出了质疑，也对后代画论的形成和发展产生了重要的影响。

《论衡》全书共 30 卷，85 篇（其中《招致》仅存篇目，实 84 篇），① 二十余万字，其中内容涉及哲学、政治、思想、宗教、文化及社会各个方面的重要问题。书中直接谈论绘画的文字较少，零星见于《超奇》《别通》等篇。论及文艺方面篇目则较多，有《自纪》《佚文》《对作》《别通》《对贤》《艺增》等篇。② 两汉时期文与画并没有独立概念，绘画是作为"文"的辅助形式出现的。所以在这个特定的时代，一个理论家的理论观点，其意义往往是多重含义的。《论衡》一书的诸多观点，既是其思想观点的论述，同时也是对当时绘画观点的阐明，两者密不可分。综合来看，王充的绘画思想大致有以下几个方面：

（一）倡真实、斥虚妄的绘画精神

王充在绘画方面提出了以真为美的审美思想，在汉代社会有着进步意义。当时社会神仙思想流行，谶纬神学与儒家、道家思

① 王充：《论衡》。
② 见陈野《浙江绘画史》，杭州出版社 2005 年版，第 44 页。

想交织，影响到了社会各个层面。这种影响表现在绘画方面，形成了汉画所特有的"天人合一"、人神共处的格局。王充本着无神论观点，对当时社会盛行的充满祥瑞思想的绘画形式提出了质疑和批评。在《论衡·超奇篇》中，他提到好的作品应该是"实诚在胸臆，文墨著竹帛，外内表里，自相副称，意奋而笔纵，故文见而实露也"。在该书的《佚文篇》中，他以"疾虚妄"作为全书的主旨："《诗》三百，一言以蔽之，曰：思无邪。《论衡》篇以十数，亦一言也，曰：疾虚妄。"他针对那些宣扬天降祥瑞，如凤凰、麒麟、嘉禾、景星等，论为"儒者论太平瑞应，皆言气物卓异"，是不可信的，故云"夫儒者之言，有溢美过实"。非仅如此，他还公开表明自己所写《论衡》的目的"是故《论衡》之造也，起众书并失实，虚妄之实胜真美也"，故应以真美去战胜虚妄。在王充看来，"溢美过实"或"称美失实"都是不足取的，无论是"好谈论者，增益实事，为美盛之语"，还是"用笔墨者，造生空文，为虚妄之谈"都应反对，举起"真美"的旗帜，这决定了王充论画以真实为核心。

《无形篇》中提到关于绘画形象的具体描述："图仙人之形，体生毛，臂变为翼，行于云则年增矣，千岁不死。此虚图也。世有虚语，亦有虚图。假设之然，蝉蛾之类，非真正人也。海外三十五国，又毛民、羽民，羽则翼也。禹、益见之王母，不言有毛羽。不死之民，亦在国外，不言有毛羽。毛羽之民，不言不死；不死之民，不信毛羽。毛羽未可以效不死，仙人之有翼，安足以验长寿乎？"《雷虚篇》更有具体描述："图画之工，图雷之状，累累如连鼓之形。又图一人，若力士之容，谓之雷公。使之左手引连鼓，右手推椎，若击之状。其意以为，雷声隆隆者，连鼓相叩击之意（音）也；其魄然若敝裂者，椎所击之声也；其杀人也，引连鼓相椎，并击之矣。世又信之，莫未不然。如复原之，虚妄之象也。"

《论衡·无形篇》中所提到的"羽人"之形，在浙江省出土的铜镜中可见其形。绍兴出土的"东汉神仙车马画像镜"① （参见图99），图分四区，西王母与东王公两组相对，二神均坐于方垫上，为3/4 侧面角度。西王母扭身回望，左右有三玉女和三羽人；东王公有二侍者和五羽人，其中二羽人相向作捣药状。同样在绍兴出土"神人龙虎画像镜"② 也有羽人形象的出现，分别出现在西王母的后面以及东王公右面。此两面画像镜的羽人均出现在神

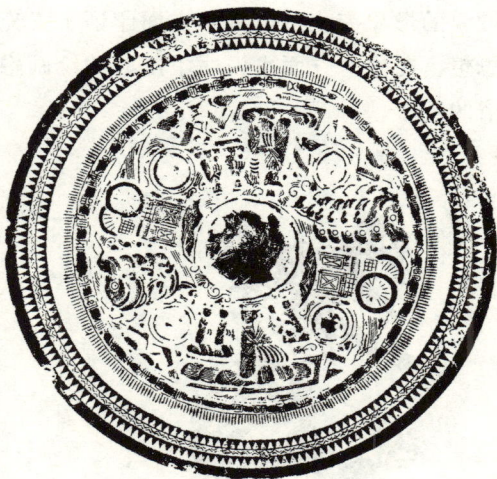

图 99　东汉神仙车马画像镜（拓本）

王士伦编著，王牧修订：《浙江出土铜镜》，文物出版社 2006 年版。

---

① 见王士伦编著，王牧修订《浙江出土铜镜》，文物出版社 2006 年版，彩图 12 及图版说明。

② 见孔祥星、刘一曼《中国铜镜图典》，北京文物出版社 1944 年版，第 446 页。

仙世界里，其造型简练，并没有进行具体的刻绘，人物的五官也没有明显地表达出来。然而在 1973 年所发掘的海宁汉墓中，却有更为鲜明、生动的羽人形象出现。位于浙江省长安镇海宁中学的海宁汉墓，是东汉后期的汉画像石墓。该墓室内部西壁门楣之上刻有"羽人"形象。（参见图 100）该壁门楣之上有两层图像：一层为祥瑞图像，下一层为天上仙人图像。所刻绘的"羽人"形象如《论衡·无形篇》所论一致。羽人形象不再是抽象的刻绘，而是栩栩如生的世间人类形象。整体造型的把握准确到位，充满着运动的美感。羽人的五官、衣纹以及羽翼都作了细致的处理。这种从具象到抽象的形象变化，也从一方面印证了王充所提出的真实论的绘画思想，在另一方面也说明了此时的绘画融入了更多的民间的、世俗的色彩。

图 100　海宁汉画像石墓西壁门楣羽人画像（拓本）

（二）对"助教化"、"为世用"绘画功能的肯定

东汉时期的绘画并没有作为一种单独的艺术形态存在。绘画服务于政教，也是绘画在这一时期的主要作用之一。王充在《论衡·通别篇》中指出，写作要有助教化，"作有益于化，化有益于正"，强调文要"为世用"，画要有"激劝"。在中国，历来重道而轻艺，此时绘画服务于政教，必然导致了绘画的"鉴戒"功能。汉武帝令人"画天地泰一诸神鬼，而置祭具，以致天神"，这与当时武帝信神仙、迷方士思想相统一，也是艺术服务于政治的表象。更直接地为皇权服务的要属绘功臣像之举。故王充在《论衡·须颂》中说道："宣帝之时，画图汉烈士，或不在于画上者，子孙之耻。"可见其对绘画具有"助教化"、"为世用"功能的肯定。

（三）反对"尊古卑今"的绘画取材

王充反对当时儒家学说所提倡的"尊古卑今"的社会风气，认为绘画应该多表现"今世之士"，不能只一味的画古之圣贤。从疾虚妄、倡真实出发，王充认为时之近者真者多，时之远者虚妄生。《齐世篇》说："画工好画上代之人，秦汉之士，功行奇，不肯图。不肯图今世之士者，尊古卑今也……世俗之性，贱所见，贵所闻也。"诸多的汉代画迹，像山东嘉祥的武梁祠、临沂的北寨村汉画像石墓、河南南阳麒麟岗汉画像石墓等，可确见王充所说不虚。王充对尚古、崇古思想的批判，也基于他一贯的"疾虚妄"之论，"汉有实事，儒者不称；古有虚美，诚心然之"，故"信久远之伪，忽近今之实"的态度当然是不足取的。这种反对"尊古卑今"之见又见出王充的功利观和"颂圣"思想。因此其绘画思想偏离较远，在此不作展开。

（四）提出"文"与"质"互为表里的绘画形式

"文"与"质"的关系问题历来是我国古代文艺理论家和哲学家都十分关注的问题。今人通常以"形式"与"内容"代指古人的"文"与"质"。在《论衡》一书里，王充认为文和德（质）互为表里，文饰是本质的必然表现。

王充认为，"文"与"质"的关系就像树的根干与花叶，只有根深干壮，才能花繁叶茂。文章的好坏，主要在于内容而不在乎词藻修饰。有时为了突出内容，甚至可以忽视形式。"养实者不育花，调行者不饰辞。丰草多落英，茂林多枯枝。"① 王充在强调内容重要性的同时，并非一味地忽略形式。在《论衡》其他章节中可以发现，他同样很重视形式的作用。在《书解篇》中，他明确地说："物以文为表，人以文为甚。"又说："夫人有文，质乃成。物有华而不实，有实而不华者。文辞设施，实情敷烈。"也就是说，没有好的形式，内容也就无从体现，完美的质有待于美好的文字表达。形式与内容一样不能忽视。在《超奇篇》中，王充比较全面地论述了这个问题："有根株于下，有叶荣于上；有实核于内，有皮壳于外。文墨辞说，士之荣叶、皮壳也。实诚在胸臆，文墨著竹帛，外内表里，自相副称。意奋而笔纵，故文见而实露也。人之有文也，犹禽之有毛也。毛有五色，皆生于体。苟有文无实，是则五色之禽，毛妄生也。"内容与形式相辅相成，缺一不可。"外内表里，自相副称"就是王充全面的辩证的文质观。这一观点上承孔子之论，中辟时俗之疑，并为后代文质相副理论的确立安上了一块牢固的基石。

王充的绘画观中也有有失偏颇的一面。诚如在《自律篇》

---

① 王充：《论衡·自纪篇》。

中所说，"为世有者，百篇无害；不为用者，一章无补"。王充
"疾虚妄"中又含有狭隘的功利观，在反对"虚图"、"虚妄之
象"的同时，又以耳目所得之真去衡量文艺作品，导致对神话
的否定："《淮南子》言共工与颛顼争为天子，不胜，怒而触不
周之山，使天柱折，地维绝；尧时十日并出，尧（按，应为羿）
上射九日；鲁阳战而日暮，援戈麾日，日为却还。世间书传，多
若等类，浮妄虚伪，没夺正是。"以"浮妄虚伪"看待神话，以
"浮妄虚伪"看待绘画中的神话人物，也说明了"疾虚妄"也有
对文艺的误解、无知。王充关于绘画的真实论，在《别通篇》
中说："人好观图画者，图上所画，古之列人也。见列人之画，
孰与观其言行？置之空壁，形容具存，人不激劝者，不见言行
也。古贤之遗文，竹帛之所载璀璨，岂陛墙壁之画哉？"王充指
出了人物画有形、无言行的特点，但却从绘画"不见言行"得
出画不如文的结论，这当然是不全面的。

　　另外出于求"真"、"疾虚妄"的思想，王充把《淮南子》
中保存的共工怒触周山、后羿射日等神话及图画中的雷公、电神
等，一概视为虚妄之作加以排斥。这一方面可能是受孔子不谈
"乱、力、神、怪"的影响，另一方面也说明他不能完全处理真
与美之间的辩证关系，不能理解艺术创作与自然科学之间的界
限。[①] 王充这一思想的形成与当时的社会形态是密不可分的。汉
代时期绘画并没有作为一个独立的类别登上社会舞台，而是作为
某种功能服务于社会，秦汉以来，儒家、道家把自然看作第一位
的思想也影响了人们对绘画的观念。王充生活于这个特定的历史
年代，他在绘画方面偏激的一面也是当时时代的反映。

____

　　① 见陈野《浙江绘画史》，杭州出版社 2005 年版。

二　时代及影响

汉代以前的绘画思想，表面上看，孔子为代表的儒家，墨子为代表的墨家，老子、庄子为代表的道家，对于艺术的态度差别较大，但是有一点是相通的，即他们都认为，对于自然来说，艺术是第二位的，自然与艺术之间，是有着一种没有明言的等级关系。他们普遍认为，自然是高于艺术的，艺术是作为自然的一种增补而存在的。①老、庄将艺术作为一种本质上的对自然的令人不快的、恶的增补，墨子将其看作是现实状况下的不可取的增补。即使是孔子学派，在表面上的偏于重文，赞成艺术的同时，仍然将其视为一种"有益的增补"来对待。在先秦的观念里，艺术被看作一种与自然、本质等相对的第二位的附属物。

然而这种等级观念在汉代王充关于绘画的观念中，被进一步地明确为一种等级制度。王充对画的非议，也就是从他对当时常见的建筑中的壁画中的人物画像意见而来的。认为壁画上所画的古代圣贤，只能空存古人之"形容"，不比竹帛上所载"古贤之遗文"，能够记录古人的言行，因此不能"激劝"世人。这就好比是食具虽然以金泥涂饰，但里面却空无食物，人见之而不顾，即使是土釜瓦器，里面只要有好的食物，人们就会乐意去吃。王充将绘画与文字材料对立，这种观点一方面还是先秦时期绘画是一种"增补"观念的延续，这从王充所给的关于金泥涂饰的空食具与"肴膳甘醢，土釜之盛"的比较就可以明显的看出。显然，王充对绘画的看法接近于墨子或老庄。认为绘画是一种

————————

①　见张建军《从"增补"到"在场"——中国早期绘画观念的嬗变》，《齐鲁艺苑》2004 年第 1 期。

"无益的增补"，结合《论衡》一书主旨"疾虚妄"来看，绘画空存古贤形象，无干古人精神，也应该属于他所痛恨的"虚妄"之列。再一方面，王充将绘画与文字独立，提出了贬抑绘画，推崇文字的观点，这一方面是王充对绘画的偏激态度，但是从侧面却反映出当时绘画的社会功用只是服务于社会的一种增补，它并非作为一种独立的身份呈现于世人面前。王充这种观点的提出，也预示着此时的绘画，已经开始渐渐从"文"中分离出来，逐步取得自己的独立身份。正是王充这种将绘画与文字独立的观点，使得后人对绘画有了更深意义的反思，提出了对绘画更高的要求。"文"与"质"关系的辩证使"文"明确视为天、自然、德、质、人的显露部分，既是外部世界又是内部世界的客观反映。这一理论问题的解决，无疑为以线条为主要表现手段的中国画技法敞开了大门；也为非教化功能绘画的制作敞开了大门。《论衡》中的以真为美的思想摆脱了先秦以来儒家善既是美的伦理型审美模式，也是对美学范围的新开拓，对后世的中国画论产生了深远的影响。

第十二章

汉画艺术精神与浙江汉画特点

一　汉代——中华文化的定型期

汉代是中国历史上一个极其重要的时期。政治上，秦王朝开创了大一统专制主义中央集权的政治格局，但秦朝短命，汉王朝探索并逐步健全了与这种政治体制相配套的各种制度。经济方面，土地私有制与商业经济得以持续发展，小农经济成为国家稳定的赋税来源，官僚、豪族、富商的经济实力增强；思想文化方面，秦统治者崇尚严刑峻法导致速亡，汉初 70 年改用清静无为的黄老学说治理天下，但也带来了种种难以解决的社会问题，汉朝统治者最终选择了刚柔有节的儒家学说作为统治思想。汉代是汉民族形成的重要历史时期，它奠定了中华文化坚实的根基，此期所形成的社会制度与文化精神，长期支配着中国历史的发展方向。

汉代是一个生机勃勃、开拓进取的时代。汉朝长达四百年的统一局面是前所未有的，而政治制度、经济制度、思想文化政策诸方面也均处于探索发展的过程中，因而人们思想活跃，气魄很大。汉初的才子贾谊在他名传千古的《过秦论》中，形容秦的抱负是"有席卷天下，包举宇内，囊括四海之意，并吞八荒之心"，其实汉武帝也是如此，甚至有过之而无不及。秦朝的疆域已是"地东至海暨朝鲜，西至临洮、羌中，南至北向户，北据河为塞，并阴山至辽东"。① 汉武帝更通西域，开发西南夷、岭南等，使汉王朝声威远振。霍去病"匈奴未灭，无以家为"的豪言，班超"大丈夫当立功异域，以取封侯"的壮语，表达的都是这个时代特有的豪迈与激情。

二　汉画——中国本土艺术的杰出代表

汉朝是一个伟大的时代，极尽铺张的汉赋，空前绝后的宫殿，深沉雄大的汉画，都是那个时代的特产。前所未有的大一统政治局面与皇权至上的观念造就了崇大、超常规的宫殿建筑风格。荀子曾说："为人主上者，不美不饰之不足以一民也；不富不厚之不足以管下也；不威不强之不足以禁暴胜悍也。"② 《礼记》中谓"礼有以多为贵"，"有以太为贵"，"有以高为贵"，"有以文为贵"。"太"即大，"文"即纹饰。在汉代，能集诸"贵"于一身者唯有皇宫，只有它才有资格也有权势殚天下之人力物力。汉武帝是充满自信的，大气磅礴，汉皇宫阔大的建筑正是时代精神的特写。

统治阶级的思想往往在社会上居于主导地位，除以宫室巍峨彰示独尊外，汉武帝出于个人喜好而大规模举行的求仙活动也在汉代产生了巨大的社会影响。汉代盛行的神仙说尤其与汉武帝的痴迷仙术有关，而方士们投其所好经常向武帝提及的"神仙好

---

① 《史记·秦始皇本纪》。
② 《荀子·富国》。

楼居，不及高显，神终不降"①　之说，武帝更是深信不疑，因而有飞廉观、延寿观等高耸入云的楼阁出现，这是先秦以来从未有过的最高的建筑。上有好者，下必甚焉，民间造楼屡见记载。从汉墓中出土的陶楼及画像所见，楼房在现实生活中大概为数不少，且楼台之上往往有西王母与玉兔的形象，它真切地反映出时人向往仙境的心态。

求富逐利是汉代不可阻挡的时代思潮。统治者以雄伟壮丽的宫殿园囿显示他们的尊严与权势，贵族用雕梁画栋、深宅大院显示他们的富有，普通民众也要在陶器上刻画"日近千万"，希望成为现实。从中央到郡国，活跃于政治舞台上的官吏，为皇帝所重用的权贵，以及各地的豪强、富商大贾，竞相夸富，追求生活的享受成为一种趋势。司马迁在《史记·货殖列传》中引用的"天下熙熙，皆为利来；天下攘攘，皆为利往"是流行于当时的谚语，它反映了普遍存在于社会各阶层的一种求富趋利的心态。充溢于秦汉瓦当、铜镜中的"安乐富贵"、"千秋万岁富贵"、"千秋万岁宜富安世"、"君宜高官"等文字，"为乐当及时，何能待来兹"的诗句，②　反映的是时人对富贵的热切渴求。

汉代人在现实生活中的大气、直率、务实、功利，在求仙活动中的浪漫、奇异，都在汉画中得到了生动的反映。常任侠先生认为汉画"在构图方面，如武梁祠画像中的海上诸神战斗，空际诸神战斗的场面，云奔海立，幻怪恣肆，变化纷聚，不可端倪。又如荆轲刺秦、豫让吞炭、程婴救孤，专诸进馔等故事画，人物显出强力而紧张，反映出封建社会旺盛期的雄劲气概。"③

---

①　《汉武故事》。

②　《古诗十九首》。

③　常任侠：《东方艺术丛谈》，新文艺出版社1956年版，第24页。

汉画是中国土生土长的艺术形式。佛教虽于两汉之际已传入中原，但其教义远未被民众了解，汉画是中国本土艺术的"原生态"。

汉画的发现与研究始自汉画像石，后来扩展到汉画像砖、壁画、帛画、画像镜等。随着汉代石阙、石祠、崖墓、地下墓室及其他汉代艺术遗存等考古发掘成果的相继出现，使多学科进行的分类研究得到细化与深入，已经自觉或不自觉地逾越了原有关于汉画分类的研究界限。就画像石而言，学者们已经注意到石祠、地下墓室的建筑状态，"开始把汉画像石作为文化现象并从其构成的建筑物上去考察"，① 一些考古学与美术史学学者正在致力于武氏祠的建筑复原工作，以此来深入探求画像的视觉特点与图像意义。不少学者认识到，汉画像石的雕刻方法与风格，只有放置在建筑的空间环境中，成为一个组合的构件，才能取得正确的研究成果。汉画的研究形式、画像石、画像砖、壁画、碑刻、漆器、铜器、家具、室内装饰均为上述分类的一个构件或组成部分。正本求源，只有把其所依附建筑载体纳入到研究的重要位置上，形成整体研究，才能把握局部形式的特征与意义。因此汉画的分类范畴应为：汉画像石，汉画像砖，汉墓壁画、帛画，汉代雕塑，汉代陶器，汉代瓷器，汉代玉器，汉代漆器，汉代铜器，汉代木器，汉代碑刻玺印，汉代建筑（石祠、石阙、石柱、墓葬、坞壁、长城、建筑遗址）等汉代艺术遗存。按照以上分类，汉画像石、画像砖本身即为建筑构件，图像雕刻与彩绘为建筑装饰，这些建筑技术属于物质文化范畴，图像内容则表达了汉人的理想与希冀，反映精神文化追求，它们具有两种文化状态。铜

① 蒋英炬：《将汉画像石考古学研究再推进一步》，《汉画学术文集》，河南美术出版社 1996 年版，第 9 页。

镜、铜器、漆器、玉器其制作工艺与造型装饰亦同时具有物质与精神的双重作用。汉墓壁画、帛画的质地工艺、画面形式则映示出技术与艺术的完美结合。汉画以其丰富的藏量、广泛的分类为我们显现"深沉雄大"的大千世界，在中华传统文化研究中占据着重要位置。

汉画保持着与原始艺术的联系，对生命之物有着那种慢慢扩大、无所不包的同情，并把自己的根深深植于大地上，强有力地表现了人对物质世界和自然世界的征服主题。它所形成的中国本土艺术精神植根于民族文化的深壤厚土之中，从远古的岩画、新石器时期的彩陶，到先秦楚地的漆器，再到汉画神秘飞动、博大精深的艺术形式，可以看到中国古代艺术特征的发展轨迹。汉画艺术集大成者——汉画像石、画像砖出土量大，题材内容、表现形式极为丰富。就画像石而言，深沉雄大是其共性特点，但苏鲁豫皖区的凝重、南阳区的隽秀、四川区的奇丽、陕北区的古拙则具有各自鲜明的个性特征。壁画、帛画丰富多彩，分别代表了黄河文化与长江文化的特质。洛阳卜千秋墓壁画色彩协调、线条流畅；马王堆汉墓帛画想象奇特，构图完美；霍去病石雕循石造型、概括生动；雅安高颐墓石阙檐脊起翘、外形翼展。多彩的汉画形式凸显着汉画艺术精神，成为民族艺术精神的典型代表，并以磅礴的气势和力量表现出了人类征服外部世界的乐观精神，开天辟地地形成了对精神理念的自我创造，同时对汉代思想产生极大的影响。

"中国从新石器时代以来一直到汉代，这一段很长的时间内，的确存在过丰富的美学思想，这些美学思想有着不同于六朝以后的特点。"[①] 汉代以后，汉画艺术为六朝人文思想的活跃奠

---

① 宗白华：《美学散步》，上海人民出版社 1981 年版，第 27 页。

定了基础。但是，伴随佛教艺术的不断传入，中国本土艺术精神逐渐发生了质的变化。敦煌早期石窟艺术一部分尚保持一些中华民族本土艺术风格，一部分已为西域艺术风格，另一部分则移植了印度的艺术风格。敦煌后期石窟艺术形成了中华民族本土艺术与西域艺术、印度艺术、西方艺术相结合的表现形式。艺术以不同路径发展，分类逐渐明确，科学和艺术分开了，设计和绘画分开了。分类的细化造成了风格的多样化，但相应缺少汉画艺术——中华民族本土文化精神的基本特征。

　　汉画是汉文化精神蓬勃上升时期的写照。汉代历时四百余年，是中国历史上第一个长期统一的封建王朝，是一个开拓进取、活力四射的时代。建功立业，求富逐利，是中国古代社会民众的常有心态，但汉代似乎表现得特别充分，特别强烈，因为时代为人们提供了前所未有的施展才能的广阔舞台，汉代的所谓"中家"即中等资产的人家是时代的受益者。汉画像石墓、画像砖墓的主人主要应是这样的中产阶层，包括比较殷实的人家，而一般的汉墓中也常有陶器画出土，因此大致可以说汉画反映的是中下层民众的心声。汉画中的一部分器物画是实用品随葬而非冥器，表达的是趋利避凶、祈求富贵吉祥的愿望，大部分则出自于墓葬，刻画的内容异常丰富。平实朴素者如陶器画，全国汉墓出土的上千件陶灶中，灶面常刻印或线刻鱼、鸡、蔬菜、盘、炊帚、瓢等图案，其中尤以鱼的形象为多，因为"鱼"谐音"余"，年年有余，是百姓的朴素心愿。器物中经常出现的钱纹，寄寓着百姓"日入千万"的期待。富丽堂皇者如前堂、中室、后室具备的高规格画像石墓，人间、冥界、仙境纵横驰骋，神游八荒，其开阔的胸襟与磅礴的气势，为后世所难以企及。

　　汉画的想象力与表现力极其丰富。汉代人开阔的眼界与手工技艺的进步是前代所不具备的。比如流传最广、影响最大的西方昆仑山西王母与东方蓬莱仙话的结合，便是新时代文化交融的产物。而祖先的墓葬往往负载着子孙后代的深厚期望，墓中的画便可将墓主人未竟的心愿与生者的所有期盼统统变为"现实"。汉画所表现的正是生死这一永恒主题，涌动的是子孙繁衍，生生不息的情感，表现的是朝气蓬勃的汉文化精神。

三　浙江汉画——汉画的江南区域性特征

浙江汉画形式与内容比较丰富，既能体现汉画艺术的共性，又有地域文化的个性。艺术的共性是因楚汉文化的渗透与影响而形成的。就汉墓形制而言，以海宁汉画像石墓为代表的券顶多室墓在浙江数量众多，春秋时期浙江地区由于地下水位高，流行土墩墓。至战国时受楚人墓制影响，竖穴椁墓逐渐代替土墩墓。进入两汉，浙江地区墓制从竖穴土坑墓到竖穴木椁墓，再到横穴砖石墓，发展过程与两汉中心地区一样，只是具体时间有所差异。海宁汉画像石墓前室至后室的直棂窗与望窗，形成流通空间。此前在战国楚墓中，已经开始在椁内隔板上制方孔，进而形成门窗。徐州睢宁、沛县汉画像石透雕直棂窗，在其周围刻制画像。这些构置可以使死者亡灵移动或自由回转，说明楚汉思想对墓制的深刻影响。海宁汉画像石墓与德清汉画像石墓的雕刻风格接近，受中心地区平面装饰手法的影响。史籍记载："永兴县东有洛思山，汉太尉朱儁右车骑将军，振旅还京师，以为光禄大夫时，遭母哀，欲卜墓此山，将洛下冢师归，登山相也。"[1] 有洛阳的冢师来到永兴县（今浙江省萧山市）选墓，说明了当时东汉中心地区与浙江地区墓葬艺术的传播关系。汉画像镜是汉画的

---

① 《太平御览》卷四十七引孔灵符《会稽记》。

主要组成部分，浙江绍兴是汉代的制镜中心，且目前绍兴出土的画像镜居多，并广泛影响到长江中、下游地区，其独特的造型及审美意义丰富了汉画的形式分类。浙江汉代青瓷质朴高雅，是汉画的有机组成部分。汉代是统一的王朝，但各区域文化又有其特色：首先，吴越地处东南，王充曾称会稽为"古荒疏之地"，相对而言，会稽在汉代比较偏僻，所以秦汉之际的项羽避难在吴中，两汉之际的赤眉农民起义时，中原有不少人到会稽。东汉末年，著名学者蔡邕避难到吴地十余年。吴越"好淫祠"，既说明了此地与正统礼乐文化有差异；其次，楚文化东渐后，浙北受到楚文化的影响。吴越文化与楚文化本来既有区别又有联系，楚和吴越都有崇巫、畏鬼、信机之俗。公元前四世纪楚灭越，吴越成为楚的江东之地，越和楚的文化共性越来越多。楚汉文化是形成汉画的基础，其实"汉文化就是楚文化，楚汉不可分"。[①] 吴越文化则凸显了汉画的独特风貌；再次，先秦时期形成的越文化精神，长期存活于浙江地区民众的血脉与灵魂之中，形成了越文化的明显特征：柔韧，以柔为刚的水文化；典雅，具有艺术趣味；善养生，重个性，得天独厚的自然与人文环境，为文人的个性化提供了较充分的空间；思维活跃、科技辉煌，富有创造精神。在吴越文化向汉文化的转变期间，汉画成为主要的艺术表现载体，具有明显的艺术特点。

（一）生动奇异的题材内容

浙江汉画的题材内容与其他地域比较，有其相同的地方：对于汉画像石题材内容的分类，在天上世界、仙人世界、人间现实世界、地下鬼魂世界四个层面的划分中，海宁汉画像石墓与其他

---

① 李泽厚：《美的历程》，文物出版社 1981 年版，第 70 页。

地域有代表性的山东沂南北寨村汉画像石墓、河南南阳麒麟岗汉画像石墓较为相同，说明汉代的生死观念南北地域是一致的，但是在具体内容素材的选择上，浙江汉画特点明晰。

海宁汉画像石墓系统完整呈现祥灵瑞物画像：麒麟、玄武、青龙、桃拔、白虎、六足兽、天鹿、天马、善羊、玉兔、比目鱼、猴、凤凰、朱雀、飞燕、蘸莆、莲、禾、灵芝草、旄节、幢、剑、井、华盖、山产玉璧、田地、石函、双瓶、蚌生明珠等画像在海宁汉画像石中排列有序，吉祥瑞应之物比较系统与完整，表现了海宁汉画像石的丰富内容。

绍兴出土的神仙画像镜多为西王母画像镜，表现西王母或端坐静思或翩然起舞，西王母端坐的画像镜在洛阳等地也有出土，而起舞的画像镜其他地区较为少见，西王母执巾起舞，形象生动。在西王母画像镜上出现的还有与西王母相对的东王公以及群仙、羽人、玉兔、龙、虎等形象，它们皆栩栩如生，绍兴出土的历史故事画像镜，镜面以内容连贯的四个区域生动表现了伍子胥的故事，显示了绍兴神仙画像镜对于形象的生动表现能力。

上虞堆塑罐罐身多堆塑鱼、龟、龙、蛇、铺首等民间美术中最常见的艺术造型，顶盖堆塑高台楼阁、角屋围墙、神兽飞鸟、胡伎乐器，表现了浙江汉画与民俗民风的密切关系。

台州共和岩画表现有禽、兽、人形、太阳等图像，仙居小方岩山岩画表现有人、马、鹿等图像，上张乡西塘村岩画表现有蛇、棋盘、锄耙、房屋、柴刀、花等图像，它们共同组成了浙江岩画的形象特点。

画像砖中出现有青龙、白虎、鱼、鸟、宝瓶等画像以及丰富的几何纹样，尤其文字画像砖应用较为多见。海宁汉画像石墓的墓券顶部和壁面的"天"字画像砖，德清凤凰山汉画像石墓的"万岁不败"画像砖均具有墓室装饰的直观效果。

吴越之地的文化积淀形成了浙江汉画生动奇异的题材内容，极大地丰富了五彩缤纷的汉画形象世界。

（二）灵活独到的设计手法

两汉期间，越国故地的铜铁开采、铸造有了较大的发展，铜镜、铜弩机的铸造工艺精致，铁制生产工具与兵器逐步普及。另外，陶瓷的烧制技术也趋于成熟，石料开采，砖瓦烧制的工艺水平明显提高，逐渐形成了浙江汉画灵活独到的设计手法。

海宁汉画像石墓前室北壁的直棂窗、望窗、柱斗石刻、门柱的蟠龙柱采用多变的雕刻方法：直棂窗、望窗用透雕，柱斗石刻用起突刻，蟠龙柱用隐起刻，充满形式美感。直棂窗、望窗、柱斗石刻尺度和谐，雕刻精到，它们集中于北壁的中间，且在前室通往后室的通道两旁，呈现出神秘祥和的气氛，体现了门第的高贵。该墓后室北壁以砖砌拱券门，砌筑规范，俨然形成地下的高大门第，显示墓室的幽深神秘。

德清凤凰山汉画像石墓出土有石矮榻一件、石屏两件、石案一件、石狮两只，石屏两头均有短腿嵌于石矮榻槽座，两只石狮为伏卧圆雕，置于榻边屏下，石狮呈现生动活泼的笑态。背以石槽分别嵌一只石屏之腿，石屏上刻有人物画像，造型风格、雕刻方法与海宁汉画像石墓接近。① 整个石雕作品做工精美、尺度合宜。河北望都汉墓也出土有石案与石榻，但没有石屏与石狮，且石案与石榻等高。显然，凤凰山汉画像石墓显示出生动活泼的设计理念，在望都汉墓中尚未出现。

堆塑罐由谷仓罐演变，产生于汉代吴越之地，这是一个独特

---

① 见浙江省文物管理委员会《浙江省德清县凤凰山画像石墓发掘简报》，《浙江省文物考古研究所学刊》，杭州出版社 2005 年版，第 441 页。

的现象，堆塑手法是其主要特色。在制作坯胎时，运用手工在主体罐上制作出罐系以及人物、动物造型，再施釉进行烧制。这个独特的设计制作过程造就出浙江汉画的堆塑罐体系，成为汉画设计研究的奇葩。

浙江汉代瓷器据考古研究，随葬的陶瓷制品有"淋釉陶"、"刷釉陶"、"青釉瓷"的变化情况。西汉时期属于"带釉高温"类型，东汉时期形成了青釉瓷。西汉的带釉高温陶瓷制品曾传播至中原地区汉墓，[①] 东汉青釉瓷取特殊质地的土和釉，高温烧制，它们均为独到的制作方法，形成了浙江陶瓷艺术的特色。

会稽铸铜技术先进，以铜、铝、铅三种金属作为原料，再确定其圆、方、柄形、委角等形状。把水银涂在正面，进行细致打磨，以镜面光亮为准，接着选取人物、动物、植物、文字图案，进行构思设计，最后精心铸造出有地方特色的铜镜。

（三）洒脱飘逸的艺术风格

海宁、德清汉画像石墓采用线面结合的方法进行艺术表现，"线是点的运动轨迹……点锲入基础平面"，[②] 线面结合构成视觉形象的最基本元素。画像石在制作时，首先追求画像的整体外貌表现，把具体形象进行视觉样式的分析，获取清晰的平面视觉形式，然后用线条深入表现形象的特点，形成刚扬凝重的线条质地、虚实含蓄的线条布设、流畅洒脱的线条形态，使线条的特性得到充分展示，是汉画像石发展成熟期线条表现的典范。绍兴铜镜，上虞堆塑罐在塑造形象时，既把握住了整体图形的外在形

---

① 见任世龙《浙江古代瓷业的考古学观察——遗存形态·制品类型·文化结构》，《浙江省文物考古研究所学刊》，长征出版社 1997 年版，第 296 页。

② 康定斯基：《论艺术的精神》，人民美术出版社 1980 年版，第 110 页。

态，又注意到了深入刻画的具体情节，呈现出线面结合的形式美，它们与海宁、德清汉画像石共同形成了洒脱飘逸的艺术风格。

浙江汉画是中国本土艺术鼎盛时期的代表作，标志着汉代艺术的空前繁荣，并对后世产生了重要影响。

海宁、德清汉画像石显示了魏晋以前人物、衣纹画法的初始风貌，东晋顾恺之的人物画线条洒脱飘逸，现传世的作品摹本《女史箴图》《洛神赋图》，被视为早期中国画的重要作品。宗白华先生说："东晋顾恺之的画全从汉画脱胎，以线纹流动之美（如春蚕吐丝）组织人物衣褶，构成全幅生动的画面。"① 顾恺之用线连绵流畅，飘举生动，在海宁、德清汉画像石上可见端倪。1961 年，南京西善桥南朝墓室出土的《竹林七贤与荣启期》画像砖，人物形象以生动的线条表现，与海宁、德清汉画像石有相同的神采。同时南北朝的石棺椁、造像碑向以雕刻为盛，艺术风格相互影响。由此可见，海宁、德清汉画像石是两晋中国画与南北朝石棺椁、造像碑人物造像与线条发展可寻的一个源头。绍兴汉代铜镜发展至孙吴、西晋，运用浮雕的手法，以春秋时期吴、越两国君臣为题材，进一步表现画像镜的立体效果。堆塑罐东汉后在吴晋时期广泛流行，迅速影响到长江中下游的广袤地域，出现了充满异域情趣、制作精美、结构复杂，堆塑着民俗、佛事造像内容的堆塑罐，被称为"魂瓶"、"佛事罐"、"神亭"。

浙江籍学者对汉画研究具有历史与传统：东汉会稽上虞人王充在《论衡》中对汉代艺术进行理论研究；北宋钱塘人沈括以科学家的眼光详细记录汉画中的衣着头饰，并进行比较研究；清代浙江仁和人黄易，1786 年秋八月，在嘉祥对河徙填淤湮埋达

---

① 宗白华：《美学散步》，上海人民出版社 1981 年版，第 103 页。

数百年的武氏祠石刻群进行了发掘，又旧地重修武氏祠，是中国汉画考古发掘的第一个尝试者。

浙江汉画有着深沉的历史底蕴和厚重的生存沃土，将会散发出无穷的艺术魅力。

附 表

浙江其他地区出土部分汉代铜镜

序号	年代	种类	出土地	特征	铭文	参见文献
1	西汉	四乳七曜镜	1979年龙游县出土	直径10.4厘米，连峰式钮，连弧纹钮座，外饰四组乳纹连珠，间以七曜，缘饰内向连弧纹		《浙江出土铜镜》
2	东汉	规矩禽兽纹镜	慈溪县出土	直径16.3厘米，半圆钮，凹形方格钮座，上饰乳纹一周。间以"子丑寅卯辰巳午未申酉戌亥"12字，内区饰规矩、禽兽及乳纹	周铭"上大山，见神人，食玉英，饮醴泉，驾蛮龙，乘浮云，官口秩，保子孙，乐未央，贵富昌"	《浙江出土铜镜》
3	东汉	规矩禽兽纹镜	1974年衢州市造纸厂工地出土	直径13.3厘米，半球形钮，柿蒂纹凹形框钮座。钮座外饰规矩、禽兽纹。外围饰栉齿纹、锯齿纹和波浪纹		《浙江出土铜镜》
4	东汉	规矩四神镜	1978年龙游县出土	直径10.9厘米，半球形钮，柿蒂纹凹形方框钮座，内饰乳纹，间以"子丑寅卯辰巳午未申酉戌亥"12字，内区饰青龙、白虎、朱雀、玄武、规矩纹和禽兽纹。外区饰锯齿纹和双线波浪纹	周铭"尚方作镜真大好，上有仙人不知老，渴饮玉泉饥食枣，天下敖（缺字漏句）"	《浙江出土铜镜》

续表

序号	年代	种类	出土地	特征	铭文	参见文献
5	东汉建安二十四年	神兽镜	衢州市万田公社	直径11.1厘米，扁圆钮，直径2.9厘米，钮外六神四兽，对置式排列，外饰半圆方枚	吾作明镜宜公卿家右（有）马千头羊万……建安廿四年六月辛巳朔廿日□子造	《浙江出土铜镜》
6	东汉	七乳禽兽带镜	浙江省博物馆藏品	直径18厘米，半圆钮，其外有"长宜子孙"四个字，间以乳纹。重圈外饰朱雀、长尾鸟、白虎、独角兽、玄武、羽人、青龙，间以乳纹，再外饰锯齿纹及画纹带		《浙江出土铜镜》
7	东汉	七乳禽兽带镜	1978年温岭白象公社出土	直径18.8厘米，半圆钮，钮外饰重圈，里圈环列九乳，并有"宜子孙"三字，外圈铭文外饰龙、虎、凤、雀、羽人等，间以七乳。边饰锯齿纹和变形蟠螭纹	外圈铭文"内而明而光□石峰下之清见乃已知人箐心志得乐长生。赵"	《浙江出土铜镜》
8	东汉	鎏金五乳四神镜	义乌县徐村乡出土	直径14厘米，圆锥形钮，重圈钮座，内区以五乳间隔五区，分别饰青龙、白虎、朱雀、玄武、羽人。外区饰变形蟠螭纹，镜背鎏金	周铭"尚方作镜真大好，上有仙人不知老，渴饮玉泉饥食枣"（文未完）	《浙江出土铜镜》
9	东汉	车马神仙画像镜	浙江省博物馆藏品	直径20.6厘米，半圆钮，连珠纹钮座。纹饰作四分法布置，其中两组为车马，车后拖长幡，另两组为神仙，旁有侍者和羽人	周铭"尚方作镜四夷服，多贺国家人民息，胡虏朱（诛）灭天下复，风雨时节五谷熟，长保二亲得天力，传告（文未完）"	《浙江出土铜镜》

续表

序号	年代	种类	出土地	特征	铭文	参见文献
10	东汉	车马神仙画像镜	1983年德清县潋山乡蠡山出土	直径20.5厘米，半圆钮，直径3厘米，高1.5厘米，连珠纹钮座，内区分四组，其中青龙一组，车马一组，神仙两组。外区饰锯齿纹两周，内侧饰栉齿纹一周		《浙江出土铜镜》
11	东汉	神仙戏马舞蹈镜	浙江省博物馆藏品	直径21厘米，内区纹饰以四乳隔作四组：一组为四人骑马奔驰，作游戏状，一组为东王公，一组为西王母，均有题榜；一组为二人舞蹈，旁有人奏乐，表演倒立。构图别致		《浙江出土铜镜》
12	东汉	龙虎神仙镜	1978年兰溪县煤矿工地出土	直径17.1厘米，半圆钮，凹形方框钮座，内区饰龙虎各一组，神仙两组。外区饰栉齿纹和锯齿纹，斜缘		《浙江出土铜镜》
13	东汉	龙虎神仙镜	浙江省博物馆藏	直径21.6厘米，半圆钮，重圈钮座。内区以四乳分作四组，两组为神仙，旁有羽人，另两组分为青龙、白虎。外区为变形蟠螭纹。三角缘		《浙江出土铜镜》
14	东汉	禽兽羽人画像镜	杭州市黄家山出土	直径17.3厘米，内区以四分法布置三兽、一羽人，外区画文带，三角缘	铭文"作镜真大巧，上有山（仙人）不'老'"	《浙江出土铜镜》

续表

序号	年代	种类	出土地	特征	铭文	参见文献
15	东汉	四兽镜	浙江省博物馆藏	直径18.4厘米，半圆钮，双线方格钮座。内区分饰四组，分别为二龙、一虎、一马。外区画文带		
16	东汉	半圆方枚神兽镜	浙江省博物馆藏	直径14.2厘米，神兽作环状布置，方枚十四，每枚一字，外区画文带	"尚方作镜自有纪，除去不祥宜古（贾）市"	
17	西汉	未标名	1955—1956年宁波西南祖关山、老龙湾一带出土			赵人俊：《宁波地区发掘的古墓葬和文化遗址》，《文物参考资料》1956年第4期
18	东汉	日光镜	杭州古荡出土		"内清以照明光象夫日月"每两字之间夹有"而"字	浙江省文物管理委员会：《杭州古荡汉代朱乐昌墓清理简报》，《考古》1959年第3期
19	东汉	画像镜	1986年龙游县出土	直径18.1厘米，镜身胎厚3毫米，三角缘最厚达9毫米，半球形钮，圆座并饰连珠纹一周。内区主纹线浮雕东王公、西王母及两兽。东王公、西王母两侧各有一个协侍，其内铭有"侍女"二字。外区依次饰连珠纹、锯齿纹、变形云纹、复线波状纹各一周，大三角缘		朱士生：《浙江龙游县发现汉代铜镜》，《考古》1993年第3期

续表

序号	年代	种类	出土地	特征	铭文	参见文献
20	东汉	神兽镜	1988年龙游县出土	直径 10.1 厘米，扁圆钮，圆座，主文高浮雕，同向上下各两神，左右各一神，其间隔有四兽。主纹外饰锯齿纹、铭文、变异云纹各一周	铭文"吾作明竟宜侯建安廿四年六月明竟宜侯建安四年六月辛巳朔廿五日乙巳造"	朱士生:《浙江龙游县发现汉代铜镜》，《考古》1993 年第 3 期
21	西汉	蟠螭纹镜	龙游县东华山出土	直径 10.4 厘米，圆形，小三角缘，兽形钮及钮座，镜面平主纹线，浮雕蟠螭纹，钮座外镌有铭文一周	"愁思曾，愿见忠，君不说，相思愿毋绝"	朱士生:《浙江龙游县东华山汉墓》，《考古》1993 年第 4 期
22	西汉	昭明镜	龙游县东华山出土	直径 7.8 厘米，小圆钮，圆钮座。座外饰 8 个内向连弧和 2 周栉齿纹，栉齿纹间为铭文带	铭文"内清之以昭明，光之象夫日月，心忽雍塞不"	朱士生:《浙江龙游县东华山汉墓》，《考古》1993 年第 4 期
23	西汉	日光镜	龙游县东华山出土	直径 7.1 厘米，小圆钮，窄平缘，镜面微弧，座外饰 8 内向连弧和 2 周栉齿纹，栉齿纹间为铭文带	铭文"见日之〔光〕，天下大明"	朱士生:《浙江龙游县东华山汉墓》，《考古》1993 年第 4 期
24	西汉	昭明镜	龙游县东华山出土	直径 8.6 厘米，圆尖钮，圆钮座，镜面略弧起，座外饰一周宽凸棱和 8 外向连弧，外为 2 周栉齿纹	铭文"内清以昭明，光夫象日月"	朱士生:《浙江龙游县东华山汉墓》，《考古》1993 年第 4 期
25	西汉	日光镜	龙游县东华山出土	直径 8.2 厘米，小圆钮，圆钮座。镜面略弧起，座外饰 2 周栉齿纹，栉齿纹间为铭文带	铭文"见日之光，天下大明"	朱士生:《浙江龙游县东华山汉墓》，《考古》1993 年第 4 期

续表

序号	年代	种类	出土地	特征	铭文	参见文献
26	西汉	昭明镜	龙游县东华山出土	直径 10.8 厘米，圆尖钮，圆钮座。镜面弧凸，座外饰 12 内向连弧和一周栉齿纹，向外是铭文带及双线波折纹一周	"内清昭以日月，光以章（彰）"	朱士生：《浙江龙游县东华山汉墓》，《考古》1993 年第 4 期
27	西汉	云雷纹镜	龙游县东华山出土	直径 14.2 厘米，大圆钮，四柿蒂纹座，镜面弧凸，座外饰 8 内向连弧和 2 周栉齿纹，一周双线波折纹，2 栉齿纹间饰 5 朵云雷纹，并间以弧线相接		朱士生：《浙江龙游县东华山汉墓》，《考古》1993 年第 4 期
28	西汉	方格规矩镜	龙游县东华山出土	圆钮，重方柿蒂座，主纹为规矩纹间青龙、白虎、朱雀、玄武四神，其间还有鸟、兽等图案，并间以 8 乳钉	"尚方佳竟（镜）真大好，上有仙人不知老，徘徊名山采神草，渴饮玉泉饥（食）枣，浮游天下敖四海，寿如金石，为国保兮"	朱士生：《浙江龙游县东华山汉墓》，《考古》1993 年第 4 期
29	西汉	蟠螭纹镜	1998 年安吉良棚上柏出土	直径 10.5 厘米，小三弦钮，伏螭纹钮座。窄高缘，钮外有 14 字篆书铭文。其外有对称的火焰形纹，将纹饰分为四区，每区置一组蟠螭纹	铭文"愁思悲愿见忠君不悦相思愿毋绝"	安吉县博物馆：《安吉文物精华》，文物出版社 2003 年版
30	西汉	草叶纹镜	1998 年安吉良棚上柏出土	直径 13.4 厘米，圆钮，四叶纹钮座，其外有篆书铭文。框外四乳钉间以草叶纹，内向 16 连弧纹缘	"见日之光，天下大明"	安吉县博物馆：《安吉文物精华》，文物出版社 2003 年版

续表

序号	年代	种类	出土地	特征	铭文	参见文献
31	西汉	清白连弧纹镜	1998年安吉良棚上柏出土	直径16.3厘米，圆钮，并蒂联珠纹纽座，素缘，座外内向八连弧纹间有简单图案，两周短线纹间以一周篆书铭文	"洁清白而事君志□之弇明天作玄兮流泽恐疏思日望美人外可说永思而毋绝"	安吉县博物馆：《安吉文物精华》，文物出版社2003年版
32	西汉	四乳八禽纹镜	1998年安吉良棚上柏出土	直径9.1厘米，圆钮，素宽缘，两周斜线纹中间为主纹，四乳间有禽，每两禽相对		安吉县博物馆：《安吉文物精华》，文物出版社2003年版
33	东汉	尚方规矩纹镜	2001年高禹五福出土	直径18.1厘米，圆钮，柿蒂纹纽座，座外方框内环列十二乳钉及十二地支铭，四方八区分饰青龙、白虎、朱雀、玄武和禽兽。外区有铭文	铭文"尚方佳竟（镜）真大好，上有仙人不知老，徘徊名山采神草，渴饮玉泉饥（食）枣"	安吉县博物馆：《安吉文物精华》，文物出版社2003年版
34	东汉	神人车马画像镜	2002年递铺三官出土	直径19.8厘米，圆钮，联珠纹纽座，联珠圈带四乳钉，将内区分为四组。上下两区各饰一站立神人，旁有羽人，下区榜题"东王公"其左为一车两马，另一区为白虎，顾首翘尾，边缘饰禽兽纹带		安吉县博物馆：《安吉文物精华》，文物出版社2003年版
35	东汉	四神镜	2001年高禹五福出土	圆钮，圆纽座，座外饰双线框，框外四枚带座乳钉，间以青龙、白虎、朱雀、玄武，外饰一周短线纹，云气纹缘，该镜铸造精良		安吉县博物馆：《安吉文物精华》，文物出版社2003年版

续表

序号	年代	种类	出土地	特征	铭文	参见文献
36	西汉	日光镜	鄞县高钱	圆钮，圆钮座，座外有内向连弧纹一周	内区"见日之光天下大明"	浙江省文物考古研究所：《浙江省鄞县高钱古墓发掘报告》，《浙江省文物考古研究所学刊》第7辑，杭州出版社2005年版
37	西汉	规矩镜	鄞县高钱	直径17.6厘米，柿蒂纹钮，方座，座之四边各伸出一"T"形符号，并与"L"形符号相对应，座得四角与"V"形符号相对应。内区作八等分，各饰一乳钉，并以云气纹作地纹。外区饰栉齿纹一周，三角缘上分别饰两组锯齿纹，且间隔一组水波纹。方座内饰八个乳钉，外区与铭文带		浙江省文物考古研究所：《浙江省鄞县高钱古墓发掘报告》，《浙江省文物考古研究所学刊》第7辑，杭州出版社2005年版
38	西汉	神兽镜	鄞县高钱	浮雕式四乳神兽镜，柿蒂纹高圆钮，方座。内区作四等分，分别饰以青龙、白虎、朱雀、玄武羽人六博投壶，各图案间以乳钉相隔。外区饰栉齿纹，三角缘上饰以勾连云纹		浙江省文物考古研究所：《浙江省鄞县高钱古墓发掘报告》，《浙江省文物考古研究所学刊》第7辑，杭州出版社2005年版
39	西汉	变形四叶夔纹镜	鄞县高钱	直径8.6厘米，圆钮，圆座内饰四个变形夔纹，内区饰一周涡纹带，外区为栉齿纹，素平缘		浙江省文物考古研究所：《浙江省鄞县高钱古墓发掘报告》，《浙江省文物考古研究所学刊》第7辑，杭州出版社2005年版

续表

序号	年代	种类	出土地	特征	铭文	参见文献
40	西汉	连弧纹镜	杭州老和山	直径 12.8 厘米，已破碎	铭文"日有熹月有富"	浙江省文物考古研究所：《浙江省杭州市老和山墓发掘报告》，《浙江省文物考古研究所学刊》第 7 辑，杭州出版社 2005 年版
41	西汉	多乳镜（星云镜）	杭州老和山	直径 10 厘米，多乳，星云纹，已破碎		浙江省文物考古研究所：《浙江省杭州市老和山汉墓发掘报告》，《浙江省文物考古研究所学刊》第 7 辑，杭州出版社 2005 年版
42	西汉	规矩镜	杭州老和山	直径 14.4 厘米，柿蒂纹	尚方作镜真大好上有仙人	浙江省文物考古研究所：《浙江省杭州市老和山汉墓发掘报告》，《浙江省文物考古研究所学刊》第 7 辑，杭州出版社 2005 年版
43	西汉	四乳四螭镜	杭州老和山	直径 8.4 厘米		浙江省文物考古研究所：《浙江省杭州市老和山汉墓发掘报告》，《浙江省文物考古研究所学刊》第 7 辑，杭州出版社 2005 年版
44	西汉	四乳四虺镜	杭州老和山	直径 7.6 厘米		浙江省文物考古研究所：《浙江省杭州市老和山汉墓发掘报告》，《浙江省文物考古研究所学刊》第 7 辑，杭州出版社 2005 年版

续表

序号	年代	种类	出土地	特征	铭文	参见文献
45	西汉	柿蒂纹镜	杭州老和山	直径 10 厘米		浙江省文物考古研究所:《浙江省杭州市老和山汉墓发掘报告》,《浙江省文物考古研究所学刊》第 7 辑,杭州出版社 2005 年版
46	西汉	昭明镜	杭州老和山	直径 8.5 厘米	"清以昭明光□日月"	浙江省文物考古研究所:《浙江省杭州市老和山汉墓发掘报告》,《浙江省文物考古研究所学刊》第 7 辑,杭州出版社 2005 年版
47	西汉	规矩镜	杭州老和山	直径 11.8 厘米,规矩间八乳		浙江省文物考古研究所:《浙江省杭州市老和山汉墓发掘报告》,《浙江省文物考古研究所学刊》第 7 辑,杭州出版社 2005 年版
48	西汉	规矩镜	杭州老和山	直径 15.4 厘米	"尚方作镜真大好,上有仙人不知老,渴饮玉泉饥食枣,浮田天下"	浙江省文物考古研究所:《浙江省杭州市老和山汉墓发掘报告》,《浙江省文物考古研究所学刊》第 7 辑,杭州出版社 2005 年版
49	西汉	四乳四兽镜	杭州老和山	直径 10.5 厘米		浙江省文物考古研究所:《浙江省杭州市老和山汉墓发掘报告》,《浙江省文物考古研究所学刊》第 7 辑,杭州出版社 2005 年版

参考文献

　　[美] 巫鸿著，郑岩、王睿编：《礼仪中的美术——巫鸿中国古代美术史文编》，三联书店 2005 年版。

　　[美] 巫鸿著，柳扬、岑河译：《武梁祠——中国古代画像艺术的思想性》，三联书店 2006 年版。

　　信立祥：《汉代画像石综合研究》，文物出版社 2000 年版。

　　王建中：《汉代画像石通论》，紫禁城出版社 2001 年版。

　　黄晓芬：《汉墓的考古学研究》，岳麓书社 2003 年版。

　　王士伦：《浙江出土铜镜》，文物出版社 1987 年版。

　　孔祥星、刘一曼编著：《中国铜镜图典》，文物出版社 1994 年版。

　　管维良：《中国铜镜史》，重庆出版社 2006 年版。

　　常智奇：《中国铜镜美学发展史》，陕西师范大学出版社 2000 年版。

　　黎毓馨：《浙江两汉墓葬的发展轨迹》，《东方博物》2003 年 8 月第九辑。

　　常任侠：《东方艺术丛谈·上》，安徽教育出版社 2006 年版。

　　贺宇红：《宁绍平原汉至六朝墓砖初探》，《浙东文化》1994 年第 1、2 期合刊（特刊）。

盖山林：《中国岩画》，广东旅游出版社 2004 年版。

浙江省丝绸志编纂委员会编：《浙江省丝绸志》，方志出版社 1999 年版。

朱新予等编：《浙江丝绸史》，浙江人民出版社 1985 年版。

赵丰：《中国丝绸艺术史》，文物出版社 2005 年版。

陈永昊、余连祥、张传峰编著：《中国丝绸文化》，浙江摄影出版社 1995 年版。

袁宣萍：《浙江丝绸文化史话》，宁波出版社 1999 年版。

刘兴林、范金民：《长江丝绸文化》，湖北教育出版社 2004 年版。

胡玉康：《战国秦汉漆器艺术》，陕西人民美术出版社 2003 年版。

傅举有：《中国漆器全集》第 3 卷，福建美术出版社 1998 年版。

浙江省文物考古研究所：《浙江省文物考古研究所学刊》第 7 辑，杭州出版社 2005 年版。

杨健方：《长江流域玉文化》，湖北教育出版社 2006 年版。

徐吉军：《长江流域的丧葬》，湖北教育出版社 2004 年版。

赵朝洪：《中国古玉研究文献指南》，科学出版社 2004 年版。

余继明：《汉代玉器》，浙江大学出版社 2001 年版。

姚士奇：《中国玉文化》，凤凰出版社 2004 年 4 月版。

杨伯达：《中国玉器全集》第 4 卷，河北美术出版社 1993 年版。

杨伯达：《古玉史话》，中国大百科全书出版社 2000 年版。

杨伯达：《略论汉代的玉璧》，《中国考古学论丛》，科学出版社 1993 年版。

邓乔彬：《中国绘画思想史》，贵州人民出版社 2001 年版。

陈野：《浙江绘画史》，杭州出版社 2005 年版。

冯友兰：《中国哲学史》，华东师范大学出版社 2000 年版。

李耀南：《"真美"——王充美学思想述略》，《华中科技大学学报》2001 年第 15 卷第 3 期。

王治理：《〈论衡〉的文艺鉴赏思想》，《文艺报》2005 年 3 月 007 版。

叶志衡：《论王充的文艺观对六朝文论的影响》，《社会科学战线》2002 年第 1 期。

张建军：《从"增补"到"在场"——中国早期绘画观念的嬗变》，《齐鲁艺苑》2004 年第 1 期。